米大統領選
バイデン候補とトランプ候補の
守護霊インタビュー

大川隆法
RYUHO OKAWA

まえがき

米大統領選が近づいて来た。民主党バイデン候補と共和党トランプ候補の一騎打ちとなってきた。

米・民主党バイデン氏は、あまり姿を出さない戦いで、トランプ氏の失言を引き出す作戦のようだ。

もともとコロナウィルスの大被害が出なければ、トランプ氏の圧勝が見込まれていたところだ。

ところが六百万人近い感染者と、十数万人の死者という最大の被害国にアメリカ合衆国がなってしまった。これで現時点のマスコミ予想では、またしても、民主党のバイデン氏有利となっている。

バイデン氏が副大統領だったオバマ政権下で、日本はＧＤＰで中国に逆転され、米中の覇権《はけん》戦争の危機が高まっている。本書では守護霊インタビューという形ではあるが、米大統領選予測のため、両者の本音を探った。読者に読み比べて頂ければ幸いである。

二〇二〇年　八月十九日

幸福《こうふく》の科学《かがく》グループ創始者兼総裁《そうししゃけんそうさい》　大川隆法《おおかわりゅうほう》

米大統領選　バイデン候補とトランプ候補の守護霊インタビュー　目次

序章　近づく米大統領選、両候補の守護霊《しゅごれい》インタビュー

二〇二〇年八月十七日　収録
幸福の科学　特別説法堂《せっぽうどう》にて

第1章　バイデン候補の守護霊インタビュー

二〇二〇年八月十七日　収録
幸福の科学 特別説法堂にて

2

覇権《はけん》主義の容認とも取れる危険な親中思想

第2章　トランプ候補の守護霊インタビュー

二〇二〇年八月十七日　収録
幸福の科学 特別説法堂にて

2

独裁国家・中国の封《ふう》じ込《こ》めへの道筋《みちすじ》　133

4 幸福の科学への期待を語る　181

序章　近づく米大統領選、両候補の守護霊《しゅごれい》インタビュー

二〇二〇年八月十七日　収録
幸福の科学　特別説法堂《せっぽうどう》にて

そろそろアメリカ大統領選に触《ふ》れなければいけない

大川隆法　おはようございます。時節柄《じせつがら》、そろそろアメリカの大統領選にも触《ふ》れなければいけないかと思っています。現在、「民主党のバイデン候補」と「共和党のトランプ候補」の二人の対決になっています。

　トランプさんは何度か守護霊霊言《しゅごれいれいげん》等もやっていますし、本人も意見をいろいろと発信されていますので、だいぶ分かっている方は多いかと思いますが、バイデンさんのほうは、日本人もちょっとよく分からない感じがするかと思います。

　これは、本来、英語で行うべきではあるのですけれども、細《こま》かい論点と微妙《びみょう》なニュアンスのところがうまく伝わらないこともありますので、それも考えて、日本語で行うこと

『守護霊インタビュー
トランプ大統領の決意』
（幸福の科学出版刊）

『守護霊インタビュー
ドナルド・トランプ
アメリカ復活への戦略』
（幸福の科学出版刊）

にしました。また、私の『黒帯英語』シリーズ（宗教法人幸福の科学刊）等の最近の普及状況を見るかぎり、英語でやったとしても、このレベルでは、日本人の幸福の科学の信者で分かる人は二千人もいないと判定されるため、無駄《むだ》であると思いますので、なるべく日本語での〝同時通訳型〟でお話し申し上げたいと思います。

もし、日本語に訳せない言葉や言い回しがありましたら、多少、英語が出る可能性もありますが、おそらく、だいたいは訳せると思います。

トランプさんについては、この前ちょっと実験してみたかぎりでは、いけます。バイデンさんの守護霊は、話をしたことがないので分かりませんが、バイデンさんの英語もそれほど分かりやすいと言える英語ではないため、なるべく日本語でできるように頑張《がんば》ってみたいと思います。

軍事オペレーション等の極秘事項《ごくひじこう》には配慮《はいりょ》が必要な時期

大川隆法　ただ、アメリカの場合は、相手の非難合戦《ひなんがっせん》をすることもけっこう多いので、時節柄、両者とも手の内をすべては明かしたくない部分もあろうかと思うのです。

今、八月の半《なか》ばですので、十月ぐらいまで〝隠《かく》し持っているカード〟も実はあるかもしれません。「そのあたりについては、まだ言いたくない」というか、カードを切りたくないものもあろうかと思うので、はっきり言わない場合はあるでしょう。

それから、主としてトランプさんの側になるかもしれませんが、何らかの軍事的なオペレーションを考えている場合、これは「極秘《ごくひ》」になりますが、日本で私が霊言をしたとしても、一日ぐらいで関係国に情報が流れる可能性は極《きわ》めて高いのです。英語だと即日《そくじつ》に分かる場合もありますが、日本語であっても、日本語の分かる人が聴《き》けば伝えられます。

また、英語にすると、トランプさんは、ややはっきりと言いすぎるため、結論が明らかに分かってしまう恐《おそ》れが強いので、〝日本語通訳〟を入れるかたちにして、「ここは言ったらいけない」と思うものは、もし訊《き》かれた場合でも、やはり、できたら網《あみ》をかけて見せないようにしたほうがよいのではないかと思います。

質問者のAさんなどは、ねちっこく訊いてくる可能性があるので、ついついしゃべってしまうかもしれませんけれども、たぶん、同盟国の日本に対しても事前には言わない可能性が高いでしょう。何らかの軍事オペレーションを行う場合には、当日の一時間前ぐらいでなければ言わない可能性が高いと思います。

そのため、もし向こうが言っても、「これは出してはいけない」と私が思った場合は、曖昧《あいまい》な日本語で言うことにします。

この三月あたりから今の八月まで、トランプさんの守護霊は非常に慎重《しんちょう》であり、あちらからは来ません。「『こちらに来たらしゃべらされる』と思っている」というように言っている霊人《れいじん》がほかにもいらっしゃるので、たぶんそうだろうと思います。ですから、訊いても結構ですけれども、正確には答えない可能性が高いということは言っておきたいと思います。

これは、今朝《けさ》、総裁補佐《ほさ》からも三回言われたことです。「秘密のことは秘密のことして、言わないようにしてください」と言われたのですが、私もけっこうストレートに言う癖《くせ》があるので気をつけたいと思っています。

ただ、一般《いっぱん》読者が知りたいようなことについては、なるべくお訊きいただければと思います。

初めに、バイデン候補の守護霊《しゅごれい》インタビューを行いたい

大川隆法　トランプさんを先にやってバイデンさんをあとにすると、トランプさんのほうが不利になる可能性があります。バイデンさんを先にやって、反論があればトランプさんに言ってもらうスタイルのほうが、彼にとってはやや有利かと思いますので、まだ一度もやっていないバイデンさんのほうからいきたいと思います。

日本語変換《へんかん》できるかどうかはちょっと分かりませんけれども、たぶんどうにかなるとは思います。

日本語なら何か訊けるでしょう？　オッケーですね？

質問者A　はい。大丈夫《だいじょうぶ》です。

大川隆法　だけど、英語だと、バイデンさんに何を訊いていいやらよく分からないでしょう？

質問者A　はい。

大川隆法　まあ、そういうこともありますので。

質問者A　バイデン氏も、トンチンカンなことを答えるらしいです。

大川隆法　ああ、そうでしょう。分からずに恥《はじ》をかいて、認知症《にんちしょう》の疑いが出たりするといけないので、そこは、まあ、〝通訳が悪い〟ということでいきましょう。

それでは、アメリカ大統領選に絡《から》めまして、バイデン候補とトランプ候補の守護《しゅご》霊《れい》インタビューを行いたいと思います。

「霊言現象《れいげん》」とは、あの世の霊存在の言葉を語り下ろす現象のことをいう。これは高度な悟《さと》りを開いた者に特有のものであり、「霊媒現象《れいばい》」（トランス状態になって意識を失い、霊が一方的にしゃべる現象）とは異なる。外国人霊の霊言の場合には、霊言現象を行う者の言語中枢《ちゅうすう》から、必要な言葉を選び出し、日本語で語ることも可能である。

また、人間の魂《たましい》は原則として六人のグループからなり、あの世に残っている「魂のきょうだい」の一人が守護霊《しゅごれい》を務めている。つまり、守護霊は、実は自分自身の魂の一部である。したがって、「守護霊の霊言」とは、いわば本人の潜在《せんざい》意識にアクセスしたものであり、その内容は、その人が潜在意識で考えていること（本心）と考えてよい。

なお、「霊言」は、あくまでも霊人《れいじん》の意見であり、幸福の科学グループとしての見解と矛盾《むじゅん》する内容を含《ふく》む場合がある点、付記しておきたい。

第1章　バイデン候補の守護霊《しゅごれい》インタビュー

二〇二〇年八月十七日　収録
幸福の科学　特別説法堂《せっぽうどう》にて

ジョセフ・ロビネット・バイデン・ジュニア（一九四二〜）

アメリカの政治家。民主党所属。ペンシルベニア州生まれ。デラウェア大学卒、シラキュース大学ロースクール卒。一九七二年、二十九歳《さい》で上院議員に初当選後、六期務める。八八年の大統領予備選では、英議員の演説を盗用《とうよう》したことが発覚して辞退。二〇〇八年、再び大統領選に出馬して敗れるも、オバマ氏の指名で副大統領に就任、一七年一月まで務めた。通称《つうしょう》「ジョー・バイデン」。

［質問者四名は、それぞれA・B・C・Dと表記］

1　バイデン候補はいかなる思想の持ち主か

オバマ政権の副大統領であったバイデン候補の守護霊《しゅごれい》を招霊《しょうれい》する

大川隆法　まずは、ジョセフ・バイデン氏です。この方は、オバマ政権のときの副大統領だった方で、八年間、副大統領をされた方です。直近《ちょっきん》の方ですので、トランプさんとはもちろん反対の考えでしょうし、オバマ政権下のこともよく知っておられると思います。

候補として残った理由は、直近に副大統領をしておられたので、行政的にはすぐに動き始められるという、即戦力《そくせんりょく》ということであろうかとは思います。

では、呼んでみます。

(手を一回叩《たた》く)ジョセフ・バイデンさん、ジョー・バイデンさんの守護霊《しゅごれい》よ。

（手を叩きながら）どうぞ、日本の幸福の科学にお出《い》でになって、たいへん申し訳ありませんが、私の〝同時通訳〟にて、日本語で霊言《れいげん》させていただきたく思います。ジョー・バイデンさん、ジョー・バイデンさん。大統領候補、民主党のジョー・バイデンさん、よろしくお願いします。

（約十秒間の沈黙《ちんもく》）

初めての招霊《しょうれい》に警戒《けいかい》するバイデン候補の守護霊

バイデン守護霊　ああ、うーん。

質問者A　おはようございます。

バイデン守護霊　ああ。おはよう！

質問者Ａ　おはようございます。ジョー・バイデンさんの守護霊でしょうか？

バイデン守護霊　はい。

質問者Ａ　本日は、大統領選のお忙《いそが》しいなか、お出でいただきまして、まことにありがとうございます。

バイデン守護霊　これ、何な……、何なのかな？

質問者Ａ　こちらは、日本の宗教団体である幸福の科学です。アメリカその他、世界中に広がっていますけれども、今、宗教として、ジョー・バイデンさんの守護霊さんをお呼びしております。

バイデン守護霊　うん、うん。あ、なるほど。うーん、うん、うん。

質問者Ａ　大統領選に向けて、「対トランプ」、あるいは、いろいろな「世界の問題」など、こういったものについて、自由に語っていただければと考えております。

バイデン守護霊　うん、うん。

あの、君たち、〝トランプ色《しょく》〟がちょっと強いような印象を受けて……。

質問者Ａ　今日は中立でお伺《うかが》いしたいと思います。はい。

バイデン守護霊　ああ、あっそう。ならいいけど。私が無能だっていうのを証明して、日本のみなさまに、見せようとしているんだったら……。

質問者Ｂ　いえ、逆に……。

バイデン守護霊　あ？

質問者Ｂ　日本と世界の方に、バイデン候補の素晴《すば》らしさをＰＲする機会ですので、ぜひ……。

バイデン守護霊　ああ、そう。ああ、君、善人だね。

質問者Ｂ　ありがとうございます（笑）。

バイデン守護霊　ああ、よかった。よかった。善人だ。

質問者B　ぜひ、あの……。

バイデン守護霊　（Aに）あなた、怖《こわ》い。少し。

質問者B　（笑）しっかり本音を語っていただければありがたいと思っております。

質問者A　あと、今日は遠隔《えんかく》、リモートで、Cさんが参加しておりますが……。

バイデン守護霊　あの、トランプさんの〝悪い本〟を訳してる人でしょ。

質問者A　悪い本？

バイデン守護霊　うん。

質問者Ｃ　こんにちは。ぜひ、率直《そっちょく》なお考えをお聞きできればと思います。

バイデン守護霊　いや、絶対、応援《おうえん》しないからね。そうはいかないから、反対だからね。

「トランプが大きな失敗をしてくれないか」と待っている

質問者Ａ　それでは、具体的な話に入ります。

当初、コロナ問題が始まる前は、「トランプ圧勝」というふうに言われておりましたけれども。

バイデン守護霊　うん、うん。まあ、そう……かな。うん、うん、うん。

質問者A　今、ここに来て、一挙に形勢逆転しまして、バイデンさんが、もう当選確実じゃないかということで……。

バイデン守護霊　エッヘヘッ（笑）。君、君、君。

質問者A　（笑）

バイデン守護霊　君、君。君、とても〝危ない人〟でしょう（笑）。

質問者A　いえ（笑）。なぜですか。

バイデン守護霊　あのねえ（笑）、いや、テレビ局のキャスターに、そんな人、いっぱいいるのよ。持ち上げといてストーンとやるの。それ、その手、知ってる、知ってる。駄目《だめ》よ。

質問者Ａ　いえいえいえ。それは、私の主観ではなくて、アメリカのマスコミがそういうふうに持ってきていますよね。

バイデン守護霊　ああ、そうなの？　ふうーん。

質問者Ａ　支持率が十ポイント以上、離《はな》れていると。

バイデン守護霊　いやあ、分からん。それは分からんね。まだ分からんね。いや、それでね、私が「勝利宣言」なんか出したら、やられるのよ。うん。

質問者A　では、そういうことであれば、現状では、大統領になるのはどちらだと、ご自身としては思っていますか？

バイデン守護霊　おお（笑）、それに答えるのはきついねえ。それはすごくきついねえ。どうしようかなあ。うーん……。

私の支持率が高いのは、「トランプさんへの今の批判」「現在のトランプ政権に対する批判」の分が乗ってるわけよ。だから、トランプさんが、その批判票の部分を受けて、政策とか何かを変えたら、その部分はあっちに移動する票なんで。

だから、私が勝てると決まってないのよ。トランプさんは、大統領としてまだできることがあるけど、「やってないこと」はあるわけよ。だから、これをやったら、その票の部分は向こうに行くから、あっちが勝つ可能性もまだあって。

私は「トランプさんがやってないこと」を一生懸命《いっしょうけんめい》、主張してるからね。もし、あっちがやったら票は移動するから、まだ、それは決まらないのよ。
私たちは、こう、現在進行形で活動しているんで。相手によって変化するんで。だから、正直……、いや、「どっちが勝つか分からない」と言っていくほうが、〝私にとってはマイナス点は少ない〟と思う。うん、うん。

質問者Ａ　なるほど。分かりました。要するに、「今はトランプの失点によって点数を稼《かせ》いでいる」ということですね。

バイデン守護霊　それは、待ってるよ、「大きな失敗してくれないかなあ」と思って。

質問者Ａ　客観的には、そう考えていらっしゃると。

バイデン守護霊　うんうんうん。

バイデン候補の強みは「人間としてまともだ」ということ?

質問者A　そうしますと、バイデンさんの強み、アメリカ国民に訴《うった》える上で、最も強みとなるのは何になりますでしょうか。

バイデン守護霊　まあ、「人間としてまともだ」ということだよな。

質問者A　人間としてまとも?

バイデン守護霊　これが最大の強みだよな、うん。

質問者A　なるほど。

バイデン守護霊　向こうはさ、トランプさんはさ、「バットマン」シリーズのジョーカーが大統領をやってるようなもんだからさ。誰《だれ》が見てもそうだからさ。分かりやすいぐらいそうだからさ。

私はまとも。

質問者Ａ　まとも。

バイデン守護霊　向こうは〝ジョーカー〟ね。

質問者Ａ　その「まとも」というのは、具体的には人間性ですか？

バイデン守護霊　ああ、人間として、もう神様から動物まで、私を見て「まともだ」と、うん。

質問者Ａ　ただ、大統領というのは、やはり、結果を出さなければいけないので、成果を出さなければいけないので……。

バイデン守護霊　うん。いや、これ難しいのよ。だから、「バットマン」シリーズでも、ジョーカーが出ないやつでも興行《こうぎょう》収入が一千億円ぐらい行く場合もあるけど、ジョーカーを主役にしても一千億円行く場合があるので、善悪に関係なく興行収入はあがるから。

これを票に変えたら、善悪にかかわらず、面白《おもしろ》かったら票が出るっていうことはありえるから。

質問者Ａ　まあ、そうですね。

バイデン守護霊　いかなる奇策《きさく》をもって私を攻《せ》めてくるかは分からないので。それが狂《くる》ってるように見えれば見えるほど、面白がって票を入れる人が出てくるから。

質問者Ａ　そうですね。まあ、それは〝ショーの世界〟なんですけれども、やはり政治の世界では、「正しい判断をしていくかどうか」というところが大きいのではないかと。

バイデン守護霊　いや、「正しいかどうか」なんて、それは選挙の結果以外、何にも分からないのよ。

質問者Ａ　いやいやいや。大統領になった暁《あかつき》には、どういう判断をされるのかと。

バイデン守護霊　だから、この前なんかさあ、ヒラリーさんがさ、まさかの敗北をしたけどね。
　トランプの言ってることは、「メキシコとの国境にフェンスをつくる」とかいうね、狂うとるとしか、普通《ふつう》、思えないじゃない。狂った大統領だよ。〝クレイジー大統領〟がだね、言ったこと、分かりやすすぎるのよ。メキシコとの間に、こう、フェンスをつくって、「向こうのメキシコの費用でつくらせる」っていったらさあ、まあ、〝マンガ〟だよな。ありえない。不当、普通……。

質問者A　いや、実際につくっていますけど。

バイデン守護霊　ありえないことだけども、分かりやすいんだよ。とっても分かりやすくて。特に、メキシコ国境で困ってる人たち？　麻薬《まやく》犯罪等で困ってる人たち、その汚染《おせん》等が広がってる人たちは、なんか「目に見える政策」に見えるから、この狂ったようなのが、現実に見えてくるのよ。

不法入国や人種差別について、どう考えているか

質問者A　それでは、そこからいきましょうか。不法入国者というのは入れるべきですか、入れるべきではないですか。

バイデン守護霊　トランプさんは、基本的に人種差別者だから、たぶん、本当は、「ホワイト・アメリカン以外は、全部、不法移民だ」と思ってると思う、うん。だけど、「不法移民だけれども、条件付きで入れてやっている」と思ってると思うんだよね。だから、その差別観はとても根深いものがあるね。

質問者A　とすると、バイデンさんは、入国した人に対しては、「不法入国であっても問題はない」と。

バイデン守護霊　いや、すでに米国でちゃんと教育を新たに受けて、米国民になろうと努力している人は、アメリカ国民になれる可能性はあるよな。

質問者A　ただ、犯罪の温床《おんしょう》になっているという面もありますよね。

バイデン守護霊　それは、警察がたるんでるわけよ。

質問者A　警察がたるんでいる。

バイデン守護霊　うん。警察がたるんでる。

質問者A　ただ、民主党の知事がいるところは、警察に対して仕事をさせないようにしていますけどね。

バイデン守護霊　そんなことないよ。そういう場合は、もう、シュワルツェネッガーが行って戦うから、自分で。大丈夫《だいじょうぶ》なんだよ。

質問者Ａ　あなたは、今、黒人問題については、どう扱《あつか》うべきだと思いますか、あの騒動《そうどう》に対して。

（天井《てんじょう》からカタンッという音が鳴る）

バイデン守護霊　ここはポルターガイストも出る所かい？

質問者Ａ　（笑）

バイデン守護霊　なんか天井から、「反対」のポルターガイストの音が、今、来たんだが。

質問者A　「ブラック・ライブズ・マター」（黒人差別反対運動のスローガン）の暴動について、あなたは賛成ですか、反対ですか。

バイデン守護霊　いやあ、あれは、〝具合のいいとき〟に〝具合のいいこと〟が起きてしまって……。いやあ、具合が悪いのかな？　もう、彼にとっては具合の悪いことが起きてしまって。アメリカは情報公開が進みすぎてるからね。私はかわいそうだと思ってるよ、トランプさんは。

そんな、黒人がねえ？　警官に首を膝《ひざ》で押《お》さえつけられてさあ、窒息《ちっそく》して死ぬまで？　それをライブで撮《と》られて放送されたっていうの。まあ、これは警察も、稀《まれ》に見る手落ちはあったと思うけどな。

こんなのかけられたらさ、これ、本当に、ニュースにして何回も観《み》てしまったら、もう、いかに黒人に対して不利か、分かっちゃうよな。

だから、トランプさんにちょっと同情してるのよ。「ああ、気の毒だな、天が見放したんだなあ」と思うよ、うん。

質問者A　バイデンさんも、たまに人種差別的発言をするというのは有名ですが。

バイデン守護霊　いや、私は、「国際通だ」って書いて……。あなたがたの情報で、「米政界きっての国際主義者として知られている」と書いてあるから、そんなことはない。

副大統領時代の中国疑惑《ぎわく》について訊《き》かれるのは「具合が悪い」

質問者Ａ　では、話を国際問題・外交問題に移すと、あなたは、以前、上院の外交委員長をされていて、外交が最も強いと言われています。

ただ、この大統領選の予備選の前に、「バイデンだけは、大統領は無理だろう。バイデンが来たら、トランプは絶対に勝つ」と言われていた理由が、実は、「ウクライナと中国で、クリントン一族以上の汚職体質を持ったバイデン一族である」と……。

バイデン守護霊　（苦笑）ゴホゴホッ。ゴホッ（咳込《せきこ》む）。君、言葉きついね。

質問者Ａ　いや、これも私の考えではなく、一般《いっぱん》的なマスコミが持っている情報です。

バイデン守護霊　「クリントン一族」って……（笑）。なんか「ドラキュラ一族」みたいな言い方を、今したよ。

質問者A　あなたの息子《むすこ》さんの会社は、巨万《きょまん》の富を得ているはずですよね。

バイデン守護霊　ああ、まあ、それは、金がないとアメリカで大統領選に出れないわ。

質問者A　まず最初に中国のほうですけれども、中国においては、あなたの息子さんと中国銀行の子会社が合弁《ごうべん》で投資会社をつくり、そして、あなたが中国に訪問したあと、その投資会社に巨額のお金が振《ふ》り込まれていたと……。

バイデン守護霊　やっぱり、これ英語でやったほうがよかったんじゃないか。日本語だと、いくらでも言ってくるじゃないか。まずい。

質問者A　あなたが訪問した約二週間後に、巨額のお金が振り込まれていたんですよ。

バイデン守護霊　それは、やっぱり、〝感謝〟っていうのはあるんじゃないか？

質問者A　いったい何の……。

バイデン守護霊　人間としての当然のあれだよなあ、「バイデンさんが……」。

質問者A　習近平《しゅうきんぺい》氏と会ってですよ。

バイデン守護霊　だから、それは、それは……、私に会えるぐらいなら、そのくらい、いくらでも、まあ、なんかねえ。

質問者Ａ　なんで、そういうことが起きたんですか。

バイデン守護霊　なんで……（笑）。英語でしゃべれ、英語で。

質問者Ａ　（笑）

バイデン守護霊　そういうのは、具合が悪いじゃないか。トランプにも同じような質問するんだろうね？　ちゃんと。あれ、不正入学疑惑《ぎわく》とかあるんだからさあ、ちゃんと……。

質問者Ａ　では、私ではなくてＣさんが……。

バイデン守護霊　いや、まあ、いい。まあ、いいけど。

質問者Ａ　Ｃさんが話したがっています。

バイデン守護霊　まあ、いいけど。いや、それはね、くれるものは、もらうのは、政治家は当然のことだから。直接私にだって……。

私が今、政権に就《つ》いてて、何かそのハンドリングによって、ねえ？　中国に有利なことを取り計らえるっていう立場にあるなら、それは、賄賂《わいろ》だとか、いろいろ言われることもあるけど、まったくそういう関係ではないときのものだからね。単なる好意。好意。

2　覇権《はけん》主義の容認とも取れる危険な親中思想

「南沙《なんさ》諸島の問題は、どうってことはない」

質問者Ａ　ただ、あなたがオバマ政権で外交担当のとき、中国は南シナ海の南沙《なんさ》諸島へ進出しましたが、あなたもオバマも完全に黙認《もくにん》したんですよ。

バイデン守護霊　うーん。だから、軍事費用が高すぎてねえ、削減《さくげん》しなきゃいけない時期だから、その程度のことで、すぐ戦端《せんたん》を開くようなことはあってはならない。

質問者Ａ　「その程度のこと」って。今、ポンペオ国務長官は、「これは明確な国際法違反《いはん》であって」と……。

バイデン守護霊　ポンペオは、税金を無駄遣《むだづか》いしたがってるから。

質問者Ａ　では、今の中国はどうします？

バイデン守護霊　「南沙諸島の問題」といったって、どうせ台湾《たいわん》とフィリピンとベトナムあたりが怖《こわ》がっているだけのことだから。

質問者Ａ　大したことはない？

バイデン守護霊　うん。どうってことはないよ。

「香港《ホンコン》問題」については、交渉《こうしょう》のやり方を変えたいと思っている

質問者C　今、世界で注目されているのは、やはり「香港《ホンコン》の情勢」だと思います。

バイデン守護霊　ああ、ああ、はい、はい。

質問者C　これについて、どのように対応するのか、何かお考えはありますか。

バイデン守護霊　ああ、ああ。

質問者C　香港の市民が、去年は百万人、二百万人とデモをしていて、中国共産党は弾圧《だんあつ》する姿勢を見せているという状況《じょうきょう》ですが、もし、あなたがアメリカ大統領だとしたら、どのように対応されるのでしょうか。

バイデン守護霊　これについては、公式的には、共和党であれ民主党であれ、「香港の自由と民主主義を護《まも》る方向に賛成」ということは、国としては一致《いっち》しているから、いちおう基本は、トランプさん……、じゃない、間違《まちが》えた、オバマさんが講演したら言うであろうと思うようなことを、〝外に向かっては〟言います。

ただ、実態的にどこまで関与《かんよ》するか、あるいは、トランプさんみたいに乱暴な、何て言うの、「関税をガンガンぶつけて喧嘩《けんか》するようなやり方をするかどうか」っていうような手法とか、交渉《こうしょう》のやり方は変わるけど、〝表向きの〟理念は一緒《いっしょ》だと思います。アメリカ人としてはね。

質問者A　「表向きの」ね？

バイデン守護霊　うん。

質問者C　本音はちょっと違うところにある？

バイデン守護霊　実際は、だから、トランプさんが制裁を科したりいろいろするのが、本当に経済マターだけで終わりなのか、挑発《ちょうはつ》をかけているのか、このへん、微《び》妙《みょう》なところがあるよね。

質問者B　では、バイデン政権になったときには、今、米中間で行われている、貿易や関税、あるいは知的財産等に関する一種の戦争は、もう、おやめになる予定ですか。

バイデン守護霊　まあ……、とは言わないけども、まあ、世界の平和に貢献《こうけん》する方向で、なるべくアメリカの態度は選びたいなと。だから、トランプ的な「アメリカ・ファースト」で、アメリカ第一主義で、アメリカの利益だけで全部考えて、発言するというのではなくて、やっぱり、世界の平和を維持《いじ》できるような感じの交渉に持っていきたいとは思っています。

七百万人を護《まも》るために、十四億人と戦争をするつもりはない

質問者B　この香港の問題というのは、香港という一地域の問題、あるいは中国側が主張するような国内問題というよりも、アメリカ建国の理念でもある「自由」をめぐる世界的な問題になっています。

中国が武力をもって香港市民の自由を抹殺《まっさつ》してしまおうとしている現状に対して、トランプ大統領は、軍事オプションもカードとしては持っていらっしゃるのですけれども。

バイデン守護霊　ああ、そうでしょうねえ。だから大事ですよ、この選挙。トラン

プを選ぶか、バイデンを選ぶかで、中国人は死ぬ人がたくさん出るかもしれない選択肢《せんたくし》が出るからねえ。

だから、私は（香港の）七百万人を護《まも》ることも大事だと思って、少数者の権利を護るのも民主主義の一つだと思ってますけど、「だから、十四億人に対して世界大戦を起こすようなことがいいことだ」とは思っていないからね。うん。

質問者B　ということは、バイデン候補が大統領になられたときには、この香港問題に関して軍事的な……。

バイデン守護霊　いや、逆に、もうちょっと中国・北京《ペキン》政府を利益誘導《ゆうどう》することで、香港に対して柔《やわ》らかい態度を取るように勧《すす》めるかと思います。うん。

質問者A　その利益誘導とは？

バイデン守護霊　だから、トランプが科したような過酷《かこく》な経済制裁とか、彼らの名誉《めいよ》にかかわる、何て言うか、例えば、いろんな弾圧に関与したっていう人たちの資産を凍結《とうけつ》したりしてるじゃないですか。これは、本当に昔のイラクとか、今のイランとかにやってるのと同じような扱《あつか》いを、中国に対してするっていうことだから。北朝鮮《きたちょうせん》も、そうだけれどもね。

だから、北朝鮮やイラン、イラクあたりと中国を同列に扱うやり方を、トランプさん、してるからね。それは、向こうのプライドは傷つくであろうから。

質問者A　とすると、経済制裁は解除するということですね？

バイデン守護霊　いや、解除するっていうか、まあ、それは相手との交渉でね。だから、もうちょっと、例えば、「軍事的なあれとか、あるいは香港に対して、極《きわ》めて香港の住民が不利なというか、もう脱出《だっしゅつ》しなければいけないほどきつい弾圧をやめてくれれば、少し見直してもいい」ぐらいの感じの交渉はするかもしれない。そうしたら、経済問題でそれは止められるけど、もしトランプさんみたいに強硬《きょうこう》なあれでいくなら、どこまで広がるか分からないと思う。

「中国がハワイまで取りに来る」というのは「妄想《もうそう》」だと思う

質問者Ａ　先ほど、「南シナ海は大した問題ではない」ということをおっしゃっていましたが、あれはもう、中国のものとして考えていいのでしょうか。

バイデン守護霊　まあ、だって、損失といっても、あそこに基地をつくって、魚を獲《と》りたいんでしょ？　中国は。

質問者Ａ　魚を獲るために、中国は進出したと？

バイデン守護霊　「漁業権」でしょ？　ほとんど。十四億人が食べていかなきゃいけないからねえ。だから、魚を獲るためには、彼らも、やっぱり自分の領海を増やさなければいけないから。

質問者A　ただ、彼らの長期的な戦略では、第一列島線、第二列島線で、最終的にはハワイとかまで……。

バイデン守護霊　いやあ、それは、私は、まあ、聞いたことはあるけども、信じてはいない。

質問者A　信じていない？

バイデン守護霊　だって、「ハワイまで取りに来る」って（笑）、アメリカが、それは黙《だま》ってるわけがない。それは妄想《もうそう》。妄想ですよ。夢想《むそう》。

人権弾圧《だんあつ》や自由などの「価値観」ではなく、「利益衡量《こうりょう》」で考えている

質問者B　では、「中国が軍事的に拡張して、実際に他国の領土を占領《せんりょう》することはない」と信じていらっしゃるということですか。

バイデン守護霊　いや、「それはない」とは思ってないよ。
ただ、私も弁護士出身だから、いわゆる利益衡量《こうりょう》ね。それで失う利益と得られる利益とを、やっぱり衡量しなきゃいけないから。
例えば、日本の尖閣《せんかく》諸島かな？　が、まあ、中国に取られるとする。取られて、アメリカは同盟軍として日本防衛のために出動しなければいけないとするが、その結果、中国から核《かく》ミサイルが東京に向かって飛んでくるなら、やっぱり尖閣を取られても……。

まあ、漁業権ぐらいの問題と、ちょっと地下に、もしかしたら油田があるかもしれないことも言ってはいるけど、それは採掘《さいくつ》して成功するのにだいぶ時間がかかるからね。まだ十年、二十年先の話だからさ。

質問者C　これは……。

バイデン守護霊　うん？

質問者C　ああ、すみません。

バイデン守護霊　どうぞ。

質問者C　これは「利益衡量《こうりょう》の問題」というよりも、やはり「価値観の問題」を含《ふく》んでいると思います。

バイデン守護霊　ああ、そう。うーん。

質問者C　というのも、北京政府というのは、共産主義を掲《かか》げた一党独裁の全体主義の体制です。国内では人権弾圧《だんあつ》をし、言論の自由もない状況です。この状況について、「賛成」なのか、「反対」なのか、「容認できる」のか、何かお考えはありますでしょうか。

バイデン守護霊　うん、だからね、まあ、君らの気持ちも分かるけどさ。
まあ、「社会主義の計画経済が入った市場経済」みたいな感じで今やっていて、昔よりは、中国は豊かになったことは、間違いなく豊かになって。まだ貧困層《ひんこん》がね、半分ぐらいはいるだろうとは思っているけども。

まあ、具体的な活動家を抑《おさ》えることっていうか、捕《つか》まえるようなことを、人権弾圧と言ってるかもしれないけど、まだ、少なくとも六億人ぐらいは貧困世帯として中国にはいるからね。彼らの生活水準が上がることで、中国人の悲惨《ひさん》な部分が解放される面もあるから。

そういう意味で、中国経済がもうちょっとよくなるためには、世界との、何て言うのかなあ、友好関係、あるいは貿易関係は維持できたほうが、私はいいと思っているんです。

だから、敵のような感じで戦いを挑《いど》むと……。「中国孤立《こりつ》作戦」をトランプさんはやっているけど、それは、中国の一部の人はエリートで金持ちかもしれないけども、ほかの貧困層たちは、もっと食べれなくなることを意味しているからね。

その南シナ海の魚も、別に北京のエリートだけが食べてるわけではないからね。ほかの人たちも食べてるから。魚を買えるぐらいのお金は必要だからね。だから、日本人が食べるような高級魚は、彼らの口には入らないかもしれないけどもね。

（電気的なノイズ音のようなものが響《ひび》く）

何だか、今日は、ポルターガイストがいっぱい邪魔《じゃま》してる。

「尖閣《せんかく》問題」を食料・エネルギー問題として捉《とら》えている

質問者A　先ほどの尖閣《せんかく》の話に戻《もど》りますが、日本は今、尖閣諸島が中国との対立ポイントになっていますが、もし中国が尖閣を占領したら、バイデンさんならどうされると？

バイデン守護霊　まあ、日本が、自《みずか》らの主権が及《およ》んでいると思うなら、少なくとも自衛隊は、その占領した人たちを追い返す防衛活動はすべきでしょうね。もし自衛隊が動かないんだったら、米軍が行って戦争を仕掛《しか》けるという理由はないと思う。

質問者A　それはそうですよね。

バイデン守護霊　うん。「主権がある」っていうなら、それは、踏《ふ》み込《こ》んだ者に対しては、一種のもうほとんど警察行動ですから、〝つまみ出す〟ことは自衛隊がやるべきで、その程度の戦力を持ってるはずです、日本は。日本が中国との摩擦《まさつ》を恐《おそ》れて、尖閣を取り返すということをしないなら、米軍が北京を脅《おど》してまで、「返せ」と言わなきゃいけないない理由はない。

質問者A　その考えのベースは、「しょせん漁業権だろう」ということですか。

バイデン守護霊　漁業権か、まあ、地下に海底油田が少しある可能性があるけど、掘削《くっさく》してみないとよく分からん。

質問者A　それくらいは、譲《ゆず》ってもいいのではないかと。

バイデン守護霊　まあ、中国は「食料」と「エネルギー」に関しては、今、貪欲《どんよく》ですよ。それは、だけど、分かるから。それはそうだろうと思うよ。エネルギーがなきゃ工業はできないしね。

「香港は小さい。アメリカ経済を支えるためにも、十四億の市場《しじょう》は失うべきではない」

質問者A　アメリカ自体に被害《ひがい》があるかどうかで言えば、例えば、ブラック・ライブズ・マターについても、背後で中国がお金を渡《わた》して動かしているというのは、ほぼ明らかになっているんですよね。

バイデン守護霊　うーん。それは、まあ、いや……。

質問者A　民主党もかかわっているとは思うんですけれども。

バイデン守護霊　そういうのは、いくらでも流せるからさあ。それは、まあ……。そういうことは、いくらでも噂《うわさ》としては流せるんだ。

質問者A　「TikTok《ティックトック》の問題」もありますが、デモ側は、すでに治安維持に当たる連邦《れんぽう》職員の名前や家族構成まで全部分かっていて、脅迫《きょうはく》したりして攻撃《こうげき》しているんですよね。アメリカ側の人材配置をかなり把握《はあく》しているんです。これは、中国の側の仕業《しわざ》なんですよ。情報を全部抜《ぬ》かれていて、このままでは、アメリカは国家転覆《てんぷく》される可能性だってあるわけです。

バイデン守護霊　いやあ、それよりも……。

質問者A　そこまで来ていて、まだ中国の肩《かた》を持つのかと。

バイデン守護霊　いや、それはクリントン……、ヒラリーでないほうのクリントン大統領の時代から、アメリカに来ている留学生たちが、米国の企業《きぎょう》や研究所に勤めて情報を盗《ぬす》んでいることぐらいは、アメリカはもうとっくに、そのころからつかんでいたけど。

質問者A　ご存じなんですね。

バイデン守護霊　大国で先進国だから。中国は後進国だから、まあ、ちょっとそれは持っていくのはしかたがない。日本だって、アメリカからいっぱい情報を盗んでいったから、戦後、留学してきて。

「まあ、しかたがないかな」と思ってたけども、だいぶ接近して追い上げてきたから、今、問題になってきてるんだと思うんだよ。それに、アメリカの成長率が落ちてきているからね、ちょっとねえ。だから……。

質問者A　要するに、「中国は、懐柔《かいじゅう》するというか、うまく付き合えば付き合っていける」というのが、あなたの基本の考えですよね？

バイデン守護霊　うん。だから、もったいない。大きな市場《しじょう》だし、アメリカ経済を支えるためにも、十四億の市場は失うべきではないし。香港については小さいから、全体的な利益の、何て言うのかな、やりくりを交渉することで、もうちょっと彼らが平和的に住めるような交渉はできると思う。

「中国はアメリカに追いつけやしない」という危機感のなさ

質問者Ａ　ただ、〝平和的〟といっても、彼らは、アメリカの企業から技術を盗み取って、それを商売に変えているわけですよ。その背景にある習近平《しゅうきんぺい》氏の意図を、どうご覧になりますか。習近平氏は何をしたいと、あなたは理解しているんですか。

バイデン守護霊　まあ、それは、アメリカは、いちおう、追いつけ追い越せ《こ》の目標にはなっているだろうけれども。

質問者Ａ　習近平氏は、追いつけ追い越せぐらいの気持ちだと？

バイデン守護霊　だけど、追いつけやしない。

質問者A　追いつけない？

バイデン守護霊　追いつけないと思う。

質問者A　追いつけない？

バイデン守護霊　うん。科学技術的には追いつけないと思う。だから、それは、私はもう安心しているので。結局、追いつけやしない。

質問者A　ただ、将来の「軍事的なキー」は何かというと、まさにAI技術や半導体技術です。そして、半導体に関して、軍事技術的な部分では、アメリカはもう、中国にほぼ追いつかれています。将来、アメリカの軍事力に関しては、この半導体などの技術が優《すぐ》れていなければ、いずれは抜かれますよ。完全に無力になりますよ。

バイデン守護霊　いやあ、もうね、そうは言ってもねえ、アメリカ本土に中国軍が攻《せ》めてくるっていうのは、どう想像しても、やっぱり現実化するとは思えない。

質問者A　いや、ミサイルの迎撃《げいげき》すらできなくなるし、もうサイバー戦争において……。

質問者B　現在の戦争は、サイバー戦とか、宇宙戦とか、経済戦争とか、金融《きんゆう》戦争とか、これまでの戦争の形態とは違ったかたちで、もうすでに行われていて、実際、アメリカの富も中国に奪《うば》われている状況なんですよね。

バイデン守護霊　うん、うん、うん。

質問者Ａ　もう技術も知的財産も、中国に盗まれているわけですよ。トランプ大統領は、それをやめさせようとしているわけです。

バイデン守護霊　だけど、中国が米国国債《こくさい》をずいぶん保有してくれてるからね。これが、彼らの貯金の一部ではあるから。これは、そういう戦争状態になったら、全部凍結されるのは確実だからね。うん。

オバマ大統領的な、「核《かく》のない世界を目指す平和主義」を考えている

質問者Ｂ　先ほどから、「中国には交渉で何とか対応できる。利益衡量の問題なんだ」というふうにおっしゃっていますけれども、バイデン候補として、絶対に越えてはならない一線、レッドラインというのは、どのあたりにあるのでしょうか。

バイデン守護霊　いちおう、オバマ政権の副大統領をしてたから、オバマさんの考

えは引き継《つ》いで、やっぱり、「〝核《かく》のない世界〟を目指す平和主義」っていうのは、いちおうは考えておきたいと。それを目指さなければ、やっぱり、反対のほうに、どんどん軍事エスカレートはしていくので、なるべくそうしたいと思うし。

アメリカにも、中国人はたくさん住んでますから。まあ、アメリカは、そういういろんな国の人たちが繁栄《はんえい》を享受《きょうじゅ》できる国ではあるのでね。だから、トランプさんのなかにある根深い人種差別の気持ちから戦争が出てるなら、そこを根っこから断《た》つのが、神様の考えじゃないかな。

質問者A　しかし、あなたは、副大統領候補のカマラ・ハリスさんという方からも、人種差別的だというように糾弾《きゅうだん》されていたんですよね。

バイデン守護霊　今は言わないでしょう。

質問者A　今は当然言わないでしょうけど、あの人は、本音では、あなたのことを人種差別主義者だと思っているのではないですか。

バイデン守護霊　いや、それは、まあ……、うーん。

まあ、トランプさんは、夫婦《ふうふ》してどちらかといったら元は移民系だけど、私のほうは、アメリカの、まあ、本当はエリートなんでねえ。生粋《きっすい》のエリートなんで。だから、そういう点を見て、「そういう差別をしてるんじゃないか」と言う人もいるのかなあとは思うね。

3　日本という国をどう見ているか

「米中戦争は起きてもいいけど、戦場は日本で止めたい」が本音

質問者C　一つ、日本人としての質問をしたいと思います。

お話を伺《うかが》っていますと、「もしかしたら、日本よりも中国のほうが大事だと思われているのかな」という印象を受けます。

四年前の前回の大統領選のころに、日本のメディアでも報道されていましたが、「(トランプは) 戦後の日本国憲法を、アメリカがつくったことを知らないのか」というようなバイデンさんの発言がありました。

日本を抑《おさ》え込《こ》んでおきたいという意思が深層心理にあるのではと感じたのですが、どのような「日本観」をお持ちなのでしょうか。中国よりも大事ではない国だと考

えているのでしょうか。

バイデン守護霊　君たちのこの仕事が、視聴者《しちょうしゃ》があまり得られないとかわいそうだから、ちょっとサービスはしてやってもいいけども。「日本より中国が大事なんじゃないか」っていうこととか、いろいろ言ってるけど。

いやあ、本音ね。これは守護霊だからね、まあ、本音を言うけどさ。本人は言わないと思うけど、守護霊だから本音を言うが、いやあ、「米中戦争は起きてもいいけど、戦場は日本で止めたい」というのが本音です。サンフランシスコまでは来させない。日本が戦場のところで、最終戦争は終わりにする。

質問者B　日本を戦場にしたとして、最終的にアメリカが勝つのか、中国が勝つのか、どちらをお考えですか。

バイデン守護霊　引き分けたら、日本を半分にして、アメリカと中国で分けるしかない。

質問者B　それが、バイデン候補のご本心ですか。

バイデン守護霊　アメリカまでは来させない。ハワイまでは来させない。まあ、向こうも原爆《げんばく》を持ってるから、本格的な戦争まで行くのは、両方怖《こわ》いことは怖いから、その途中《とちゅう》で、どこかで妥結《だけつ》することにはなると思うけど。

中国との科学技術競争についての認識は

質問者A　それは、軍事力が均衡《きんこう》していればの話ですよね。ただ、いずれ抜《ぬ》かれますよ、今はアメリカが強いですけれども。

バイデン守護霊　うん……。

質問者Ａ　５Ｇ《ファイブジー》に関して、トランプ大統領があれだけナーバスになっているのは、将来の世界の軍事構造が完全に変わってしまうからです。もし中国があれを握《にぎ》ってしまったら、完全に制覇《せいは》してしまったら、もうアメリカは勝てないですよ。そうしたら、あなたたちも占領《せんりょう》される日が来ますよ。

バイデン守護霊　それは、まあ、ちょっと、私になったらどうなるか分からんけども、現政権下では、「宇宙軍」のほうに力を、今、入れ始めてはいるので。

アメリカの宇宙軍の存在の意味は、「中国による人工衛星を使っての攻撃《こうげき》や、アメリカの人工衛星を破壊《はかい》する攻撃を、どうやって抑止《よくし》するか」っていうことを考えてやっていて、それは現実に動いているので、まあ、軍部のほうでは、軍部とヒューストン等が一体になってやっているから、これ自体は、私であろうとなかろうと、進んではいくだろうね。

だから、それは、宇宙からの攻撃で、要するに、電磁パルス攻撃のようなもので、いろんなものが機能しなくなることを、まあ、アメリカがそれを知らないわけはないんであって、いちおう、そうなって。

中国製品を中国がほとんど使うように持っていこうとして、ほかの国が使わないようにしているのは、中国だけが、中国のTikTok《ティックトック》とかああいうのを使うようになったら、それの機能だけを破壊する攻撃を、今、考えてやっているということだと思う。

質問者Ａ　トランプ大統領はファーウェイに対しても厳しい姿勢を示していますが、あなたも厳しい姿勢を示していくんですか？

バイデン守護霊　いや、これについては、もう、私だけで止められるものではなく、そのテクノロジーとしては、防衛テクノロジーは、民間も含《ふく》めて、学界も含めて進んでいっているので。トランプさんがやっているのは、うん、共有していたら、両方とも破壊されてしまうからね。

中国が軍事拡張するのは「防衛のため」と見ている

質問者A　ただ、あなたと中国のいちばんの違《ちが》いは、あなたは、個人の利益も含めて貿易で利益を得ようとしていますが、中国は貿易をして、最終的にはその利益をすべて軍事に注いでいるんですよ。知的財産についても、技術についても、軍事に転用できるものは、すべて軍事に注いでいくんですよ。

結局、向こうの目的は、アメリカを凌駕《りょうが》して覇権を握ることなんです。

バイデン守護霊　いや、それは無理だよ。

質問者Ａ　あなたは無理だと思っているけれども、軍事力の差というのは、いずれ縮まりますから。

バイデン守護霊　いや、それはねえ……。

質問者Ａ　あなたはそう思っていますが、トランプ大統領はそう思っていませんよ。

バイデン守護霊　それはねえ、あなた、無理ですよ。それは、中国が軍事拡張しているとしても、今はねえ、〝防衛〟のためですよ。だから……。

質問者Ａ　「中国は防衛のためにやっている」と、あなたは思っているんですか？

バイデン守護霊　今はアメリカとの軍事力に差がありすぎるから、もうちょっと強くしないと護《まも》れない。

「二〇四〇年に世界一になること」を目指す中国、その野心を、今、潰《つぶ》そうとしているトランプ大統領

質問者A　今は待ちの時期ですよ、彼らは。

バイデン守護霊　うん、うん。だから……。

質問者A　ただ、これを十～二十年ぐらいで引っ繰《く》り返そうとしています。

バイデン守護霊　でも、トランプさんが早めにしようとしているから。アメリカの経済を中国が経済的に抜いてから、中国は軍事的な衝突《しょうとつ》も考えているけど、そうすると、アメリカがやや不利になってくるから、トランプさんはそれを早めようとし

ている。

要するに、二〇四〇年……、まあ、予想なんて当たらないけどね、「二〇四〇年以降は中国の経済が世界一になって、アメリカは抜かれる」という予想は一つはあることはある。

まだ、これは二十年あるから分からないけど、そのころに、中国は軍事的に優勢にかけてこようとするだろうから、それを二十年前に、「二〇二〇年段階で、中国のその軍事的野心を潰《つぶ》してしまえ」っていうのがトランプさんの考えだろうとは思う。

質問者Ａ　あなたは？

バイデン守護霊　私は、「中国はアメリカを追い越《こ》すことはできない」と思っているので。

質問者A　できない。その根拠《こんきょ》は？

バイデン守護霊　根拠はっていうか、それは、うーん、今、（中国が）いろんな知的な財産を盗《ぬす》んでいるのを見たら分かるけど、まあ、時計でも何でも、宝飾品《ほうしょくひん》でもそうだけど、海賊版《かいぞくばん》は海賊版であって、本家《ほんけ》には勝てないものだから、基本的には。

日本・台湾《たいわん》・香港《ホンコン》に対する「本音」を漏《も》らす

質問者C　本音のところをもう少しお伺いします。

先ほどの「戦場は日本で食い止めたい」というお話の本音のところを考えますと、「米中間での利益分配の対象として日本を考えている」、あるいは「日本を生贄《いけにえ》にしてもいい」というふうに日本人には聞こえるのですが。

バイデン守護霊　いや、日本をすぐ生贄にしようと思っているわけじゃなくて、日本の前がまだあるから。日本の前に台湾《たいわん》が戦場になるから、台湾で終わるかもしれないし、台湾の前に香港《ホンコン》で終わるかもしれないから、それは。香港は、ちょっと生贄が出るかもしれない。

質問者C　日本人にとっては、日米同盟は非常に大事なものです。しかし、バイデンさんは、「日本を同盟国として考えていない」、あるいは「重視していない」ということなのでしょうか。

バイデン守護霊　いや、そんなことないよ。トランプさんより、もっともっと、君たちの友達かもしれないよ。

トランプさんは、「軍事費用的に日米安保《あんぽ》は全然ペイしない。アメリカを護らないで、日本を護るためだけにアメリカが金を使うなんて、こんなものは成り立たないから、もっと日本の負担費用を増やせ」と言っているよな。「自分の国ぐらい、自分で護れ」っていう考えだけど、日本は自分の国を護りたくないからねえ。だから、お節介《せっかい》なアメリカをずっとやり続けているわけで。

トランプさんは商売人だから、商売的に見て「赤字」だと見たら、同盟を打ち切ることだってありえると思っていると思うよ。ああいう人だからねえ。いきなりねえ、メキシコとの国境にフェンスをつくるぐらいの人だからねえ。

それは、日本に、例えば、「思いやり予算」とかいうのを今の四倍出せ、あるいは十倍出せとか言ってきて、「それを呑《の》まなかったら、もう、日本が攻撃を受けても何もしないよ」と、もし宣言したら、それは揺《ゆ》さぶるには面白《おもしろ》いでしょう。彼、揺さぶるのは得意だから。

そうしたら、日本は金をすぐ持ってくるか、でなければ、「中国は日本を狼《おおかみ》のように襲《おそ》っても構わない」という許可を出したのと一緒《いっしょ》だからね。

質問者C　バイデンさんが「日本のお友達なんだ」と言う本音のところは、「日本は米軍の保護下にあって、そのまま占領体制を続けていなさい」ということなのでしょうか。

バイデン守護霊　うん。まあ、日本には、「航空技術」「宇宙技術」でも、アメリカは全部は許していないところがあるから。やっぱり、牙《きば》を剝《む》いたときは怖いからね、日本もねえ。十倍ぐらいの国でも倒《たお》しにかかってくることがあるからね。だから、日本は〝緩衝《かんしょう》地帯〟として取っておきたい。

質問者A　では、あなたは、トルーマン大統領が原爆を日本に落としたことについては、どう思いますか？　正しかったでしょうか？　意味があったと？

バイデン守護霊　うん、まあ……、あんた、〝きつい〟ね。今日、英語でやったほうがよかったかな。ああ、うーん……。

質問者B　「核《かく》のない世界」を理想とされていながらも、実際、アメリカの為政者《いせいしゃ》として、日本に原爆を落としたことについては、どのようなご認識ですか。

バイデン守護霊　いや、まあ、それは、オバマさんと一緒で、「死が天から降ってきた」ということで。

質問者B　では、アメリカに責任はないと?

質問者A　逃《に》げますね。

バイデン候補の健康問題について訊《き》く

質問者Ａ　では、時間も迫《せま》ってきたのですが、もう少しお訊《き》きします。バイデンさんは、認知症《にんちしょう》ではないかとも言われているんですよね。言葉をけっこう間違えて……。

バイデン守護霊　それはねえ、人種差別じゃないけど、何て言うか、人間差別ですよね。

質問者Ｂ　健康を不安視される声もあるんですけれども、実際のところはいかがですか。この一期四年、もしくは次の二期八年を担《にな》える自信はありますでしょうか。

質問者Ａ　守護霊さんから見て、いかがですか。

バイデン守護霊　まあ、家族ではねえ、いろいろ亡《な》くなったりした人も多いので。私も、いろんな不幸のなかを生きてきたから、それは分からないことはないし。けど、まあ、フランクリン・ルーズベルトだって、車椅子《くるまいす》の大統領で、大恐慌《だいきょうこう》から戦争中を生きた……。

質問者A　ただ、ルーズベルトは、頭はしっかりしていたと思います。バイデンさんは言葉を忘れてしまったり、今が大統領選なのか、上院議員選挙なのかも分からなくなったりしているようです。それに、トランプさんとのディベートの場を引き延ばしていますよね？　出てきませんよね？

バイデン守護霊　トランプほどねえ、人柄《ひとがら》が悪くないから……。

質問者Ａ　生《なま》でディベートをするのが怖いというのは、本当なんですか。

バイデン守護霊　彼は人格攻撃を平気でするじゃない。副大統領候補で黒人女性を立てたら、トランプの言ったことは、「もう、最低最悪の人を選んだ」と、こう言うでしょう。

質問者Ａ　まあ、それは分かります。
では、守護霊さんの意図は、地上のご本人に、今、ストレートに伝わっていますか？

バイデン守護霊　いや、それは知らん。それは分からん。

質問者Ａ　「何か、ちょっとうまくいっていない」というときはないですか。変な言葉をしゃべるとか、そういうことはないですか、地上のご本人が。

バイデン守護霊　まあ、私が守護してもしなくても、そんなに結果は変わらないだろうと。

質問者Ａ　結果は変わらない。

バイデン守護霊　うん。大して変わらない。

質問者Ａ　分かりました。

4　バイデン候補の魂《たましい》の本質を探《さぐ》る

前世《ぜんせ》は「西部開拓《かいたく》時代の保安官」、前々世《ぜんぜんせ》は「奴隷《どれい》商人」

質問者A　では、過去世《かこぜ》のところについて、よろしいでしょうか。

質問者B　今日いらっしゃっている方は、何時代の、どういった方でしょうか。

バイデン守護霊　うーん、うーん……（約五秒間の沈黙《ちんもく》）、うーん……。

質問者B　アメリカ人ですか。

バイデン守護霊　西部開拓《かいたく》のときにいたような気がするから。

質問者A　西部開拓。

質問者B　白人の方ですか。

バイデン守護霊　うん、うん、うん。だから、ねえ？　インディアンたちから土地を取り上げるのは、ずいぶんかわいそうだなあと思ってはいたよ。だけど、おかげで、西海岸まで行けたからさあ。

インディアン、侵略《しんりゃく》と言えば侵略かなと思うけどね。イギリスから来た人たちが中心になって、インディアンの持っている土地を取り上げて、彼らを居住区《きょじゅうく》に押《お》し込《こ》めてねえ、そして、西海岸までアメリカの繁栄《はんえい》にしたけど、まあ、それはアメリカにとっては「アメリカ・ファースト」だったと思うけど、彼らはかわいそうだったかなと。本来の所有者が少数民族になって、追い込まれているからね。

だから、私も、まあ、それは西部開拓の一員であったから、太平洋までアメリカが広がることは、それは、心がウキウキするようなことではあったけど、気の毒なことも一部あったけど。

そういう意味で、まあ、人種差別はね、やっぱり、悲惨《ひさん》なこともあることは知ってはいる。

私は何をしていたかと言われても、そうだね、西部開拓していって……、うーん、何か、シェリフ？　保安官をしていたような気がする。バッジを付けて、保安官をしていたような気がする。

質問者A　そうすると、インディアンをけっこう撃《う》ってしまったりしていたんですか。

バイデン守護霊　うーん、それもあるし。まあ、インディアンだけでないけどね。

町の治安の問題もあるから。だから、黒人奴隷《どれい》も、まだだいぶいた。

質問者A　オバマさんとは、何か縁《えん》がありましたか？　その転生《てんしょう》のなかで。

バイデン守護霊　オバマさん……（約十秒間の沈黙）、うーん、（約十秒間の沈黙）まあ、オバマさんの……、いや、このもう一個前かもしれないけど、オバマさんの、本人直接でないかもしれないが、身内に当たる人を、アフリカから奴隷でアメリカに連れてきたことがあるような気がする。

質問者A　奴隷商人だったということですか、あなたが。

バイデン守護霊　うん、うん。前々世《ぜんぜんせ》ぐらいかな。かもしれないけども。

質問者A　前々世。

中国に伝道をしに来たイエズス会の宣教師《せんきょうし》だった過去世《かこぜ》

質問者B　それより前の転生を思い出すことは可能ですか。

質問者A　中国とか日本に、かかわりはありますか。東洋はないですか。

バイデン守護霊　はああ……（息を吐《は》く）。それより前、それより前かあ……。

なんか、でも、いや、宣教師《せんきょうし》として中国に行ったことがあるような気が、ちょっとするんだが、うーん。

質問者A　宣教師。

バイデン守護霊　キリスト教の。キリスト教の宣教師。

質問者A　いつごろですか。

質問者B　中国は、何時代でしたか。

質問者A　アヘン戦争のころ?

バイデン守護霊　いや、もうちょっと前、もっと前。

質問者A　もっと前ですか。ポルトガルとかが……。

バイデン守護霊　うん。だから、日本とか……。

質問者Ｃ　清《しん》の時代とかですか。

バイデン守護霊　うん？　日本とかにも来ていた時代だから、清より、もうちょっと前のかも。

質問者Ａ　あのころですね。イエズス会の宣教師だったんですか。

バイデン守護霊　うん、うん、うん。そう、そう。だから、たぶん、そのころは、スペインかどこかのあたりかなあ？

質問者Ａ　イエズス会？

バイデン守護霊　うん。……と思う。

質問者A　そのころは何をされたんですか。

バイデン守護霊　宣教師。

質問者A　宣教師で、東洋に対してはどうされましたか。

バイデン守護霊　うーん。伝道、伝道をして、来ていた。うん。

質問者B　では、基本的にはキリスト教系の魂《たましい》……。

質問者C　戦国時代ごろですか?

バイデン守護霊　それと、まあ、貿易団が一緒《いっしょ》に来ているから。宣教と貿易は一体、「宣教」と「貿易」と「軍隊」が一体だったから。

質問者A　習近平《しゅうきんぺい》氏の過去世《かこぜ》は、元《げん》の時代のチンギス・ハンと言われているんですけれども、そのころにどこか、東洋か西洋で、かかわりがあったことはありますか。

バイデン守護霊　チンギス・ハン……（約十秒間の沈黙）。なんか、ヨーロッパにペストを持ち込んだ人なんじゃないの、これ。

質問者A　はい、そうです。

バイデン守護霊　なあ？　今もやっているけど。ペストを持ち込んだ人だ。……ような気がする。大変だったんで。ヨーロッパは大変だったんじゃない。

質問者A　ヨーロッパにいたんですか。

バイデン守護霊　うーん。……うん。よく分からないけど、まあ、とにかく「悪夢」だったような気はする。

質問者A　悪夢だった気がする。

バイデン守護霊　うん、うん、うん、うん。

バイデン候補の守護霊を指導している者とは

質問者B　今、霊界《れいかい》では、どういった世界にいらっしゃいますか。

バイデン守護霊　うん？

質問者B　今、お住まいの世界は、どういった世界に……。

バイデン守護霊　どういった世界……。

質問者B　あるいは、近くに、どういったご友人の方がいらっしゃいますか。

バイデン守護霊　うーん……。だから、まあ、昔……。今はアメリカは大きいけどね、グレートだけど、昔は小さかったんで。イギリスから逃《に》げ出した人がつくった国で、だんだんに国をつくっていったし、フランスとも競争してはいて、まあ、独立宣言したのは、二百年ちょっと前ぐらいですから。アメリカも、まあ、〝零細企《れいさいき》業《ぎょう》から中小企業、中堅《ちゅうけん》企業、大企業〟って発展していったんで、うーん、今の意識で言うと、ちょっと間違《まちが》いが起きると思うけど。

あなたがたから見たら、バカバカしいと思うぐらいの、まあ、「警察署長」とか、「町長」とかが、今で言えば、もう、「上院議員」とかに当たるぐらいの力を持っていたわけだよ。うん。

質問者A　ただ、「シェリフから大統領」というのは、ものすごい出世ですね、今《こん》世《ぜ》、もしなったとしたら。

バイデン守護霊　いやあ……、そんなに変わらないいんじゃないか。

質問者A　変わらない？

バイデン守護霊　うん。まあ、そんなもんだったよ。

質問者Ａ　（シェリフレベルから大統領になるような）そんな方がいるんですか。

バイデン守護霊　うん。だから、アメリカの民主主義って、そういう、パラパラにいる人たちが集まって、話し合いして決めていただけなんで。

質問者Ｂ　守護霊であるあなた様をご指導されている方はいらっしゃいますか。あるいは、あなた様が信じている神様はどういうご存在ですか。

質問者Ａ　今、大統領選に当たって……。

バイデン守護霊　いや、神は認識できませんね。でも、宣教師、宣教師であった記《き》憶《おく》はあるから、うーん……、まあ、キリスト教系の神なのか、それにお仕えする天使たちみたいな方が指導しているんじゃないかと思う。うん。

質問者B 「エル・カンターレ」や「トス」という名前は聞いたことがありますか。

バイデン守護霊 ああ、それは難しいな。

質問者B 難しいですか。

バイデン守護霊 うん。それは難しいわ。

質問者A ザビエルあたりは、何か関係ありますか。

バイデン守護霊　ザビエル……、ザビエルっていう人はいっぱいいたのでね。

質問者Ａ　あっ、分からない。

バイデン守護霊　ああ。それは分からん。

質問者Ａ　分かりました。

「スリーピー・ジョー」というあだ名についての反論

質問者Ａ　では、だいたい時間的にこれで……。

バイデン守護霊　ああ、そう。

質問者A　何か最後に……。

バイデン守護霊　（Cに）あなた、なんか一言《ひとこと》、〝トランプの代理人〟として言いたいことはあるか。

質問者C　トランプさんは、あなたに「スリーピー・ジョー」というあだ名を付けていますが、何かおっしゃりたいことはありますか。「間抜《まぬ》けな」「のろまな」といったイメージなのだと思うのですが。

バイデン守護霊　いやあねえ、まあ、十一月で七十八歳《さい》になるからあれなんだけど、「トランプよ、あんたも、もう一期やったら、七十八になるんだぞっていうことを知っとけよ」っていうことだな。

質問者Ｂ　最後に、アメリカや日本、世界のみなさまに対して、何かメッセージがございますか。

バイデン守護霊　うーん。私が大統領になれば、世界は平和になる。
トランプさんが大統領を続ければ、功績を焦《あせ》って、世界はあちこちで戦火を交《まじ》え、喧嘩《けんか》と人種間の争いが大きくなり、国際機関がガタガタに崩《くず》れてきて、世界はもう一回、〝モザイク状〟に戻《もど》ることになるだろう。
だから、迷わずバイデンに一票を入れるように、世界から運動してほしいということです。

質問者Ｂ　はい。

5　中国発・新型コロナウィルスに対する見解を訊《き》く

コロナ問題では、中国よりもトランプの責任を追及《ついきゅう》したい

質問者D　すみません。最後に少しだけよろしいでしょうか。

バイデン守護霊　ああ。

質問者D　先ほど、「チンギス・ハンがペストを持ち来たらして、今もやっている」というようなことをおっしゃっていたんですけれども。

バイデン守護霊　ああ、ああ。

質問者D　現在、アメリカではコロナウィルスが非常に流行《はや》っていますが、コロナ問題については、中国との関係をどのように考えていらっしゃるんですか？

バイデン守護霊　うーん……。

質問者B　トランプさんは、「中国発」と……。

質問者D　トランプさんが、今、中国に強く言っているのも、「コロナウィルスが中国から来ているのは、故意的にやっているところがあるのではないか」というところも含《ふく》めての、中国に対する強硬論《きょうこうろん》だと思うのですけれども。

バイデン守護霊　うーん、まあ……。

質問者D　あなた様ご自身は、コロナに対して、どういう認識をお持ちでいらっしゃるのでしょうか。

バイデン守護霊　いやあ、それは、まあ、私が得ている情報によれば、中国とアメリカは共同開発していたということであって。そして、実戦に、軍事的に使おうと中国がし始めたんで、アメリカが手を引いたというふうに聞いてはいるので。中国人はアメリカにたくさん来ていたから、その研究者たちが何かやった可能性はあるとは思っているけど。

まあ、あんまり事を荒立《あらだ》てたくはないので、証拠《しょうこ》がはっきりしないかぎりは、「中国がアメリカにウィルスを仕掛《しか》けた」ということで攻撃《こうげき》するよりは、トランプさんがマスクをかけるのを嫌《いや》がったとか、経済優先で走りすぎて広げてしまったとかいうことの責任を追及《ついきゅう》するほうを重視したい。

質問者D　では、アメリカの、自国の国民が何百万人というかたちで亡《な》くなっていますが、それは……。

バイデン守護霊　亡くなってない、亡くなってない。亡くなったのは、十何万しか亡くなってない。

質問者D　ああ、何百万人は感染《かんせん》でした。

バイデン守護霊　感染したのは、五百万を超《こ》えた。

質問者D　でも、今後も増えますよね。

バイデン守護霊　うん、あんた認知症《にんちしょう》だな。

質問者Ｄ　そのまま放っておいてよいと？

バイデン守護霊　まあ、ワクチンを今つくっているから、製薬会社が。もう追い追いにできるでしょう。私の任期中、第一期の間にはワクチンが完成するから。それまではしかたないので、罹《かか》ってください。でも、ワクチンができるから、治る。

アジアの米軍基地の核《かく》兵器は、グアム、ハワイまで撤収《てっしゅう》をかける

質問者Ｄ　あともう一点、核《かく》兵器のところの質問でお答えにならなかったと思うのですけれども。「オバマさんの系譜《けいふ》を引く」ということをおっしゃっていましたが、オバマさんは、日本に核兵器が落とされた映像を観《み》て、拍手《はくしゅ》をしていらっしゃった方でもあると思うんですが、実際はどう考えていらっしゃるんですか。

バイデン守護霊　うーん……。まあ、ベトナムおよび日本本土の米軍基地の、まあ、核兵器を持っていることは、みんな知っているんだろうと思うけど。まあ、それはグアム、ハワイまで撤収《てっしゅう》はかけようとは思っています。

「日本には核がない」という状況《じょうきょう》をつくることで、中国が日本を核攻撃する、あるいは北朝鮮《きたちょうせん》が日本を核攻撃する、何て言うかな、口実を与《あた》えないようにしたいと思っています。

質問者Ａ　そうですか……。分かりました。

では、本日はこれでいったん……。

バイデン守護霊　うん。トランプさんの（守護霊インタビューの）時間をだいぶ取ってやったぞ。アッハッハッハッハ（笑）。

じゃあ、いいのかな？

質問者A　はい。ありがとうございました。

質問者B　ありがとうございました。

バイデン守護霊　はい。

大川隆法　（手を二回叩《たた》く）はい。ありがとうございました。

第2章　トランプ候補の守護霊《しゅごれい》インタビュー

二〇二〇年八月十七日　収録
幸福の科学　特別説法堂《せっぽうどう》にて

ドナルド・トランプ（一九四六〜）

アメリカの政治家、実業家。共和党に所属。第四十五代アメリカ合衆国大統領。ニューヨーク市生まれ。一九六八年、ペンシルベニア大学卒業後、不動産業を営《いとな》む父親の会社に入り、一九七一年、経営権を与《あた》えられる。一九八三年、「世界一豪華《ごうか》なビル」トランプ・タワーをニューヨーク五番街《がい》に建てたのをはじめ、不動産開発やホテル、カジノ経営などで大成功して巨万《きょまん》の富を築き、「不動産王」と呼ばれる。二〇一七年一月二十日、第四十五代アメリカ合衆国大統領に就任。

［質問者三名は、それぞれA・B・Cと表記］

1　トランプ大統領再選の勝算《しょうさん》はあるのか

バイデン候補の守護霊《しゅごれい》インタビューは「付録」でいい？

大川隆法　それでは、引き続きまして、ドナルド・トランプ大統領の守護霊《しゅごれい》インタビューを行います。再選を期して活動するに当たって、考えておられることや、世界情勢について考えておられることについて、質問を受けたいと思います。

（手を叩《たた》きながら）ドナルド・トランプ大統領の守護霊よ。

トランプ守護霊　ああっ……。ううーん。

質問者A　おはようございます。

トランプ守護霊　ああ。

質問者Ａ　本日は、まことにありがとうございます。

トランプ守護霊　うーん。

質問者Ａ　ここ数カ月、幸福の科学のほうにもお出《い》でにならないで……。

トランプ守護霊　忙《いそが》しい。忙しいんでね。

質問者Ａ　トランプさんが世界のために血眼《ちまなこ》になって頑張《がんば》られているにもかかわらず、アメリカのマスコミというのは、完全に、「悪役をどうつくるか」ということで、やっております。

そのなかで、筋《すじ》を間違《まちが》えず、中国に対しても強硬《きょうこう》な策を取っておられるのは、やはり、これからの世界の平和に向けての中心人物になるなと、私は思っております。

先ほど、バイデンさんの守護霊を呼びましたけれども。

トランプ守護霊　ああ、バイデン。無駄《むだ》だったね。要《い》らなかったね。もう、削除《さくじょ》しておいたほうがいいんじゃないか。

質問者A　（笑）

トランプ守護霊　うん。要約をね、本を出すなら、バイデンが言った、一時間五分かけてしゃべったことを、五ページぐらいに要約して付けて、「付録」にして、あとをトランプにしたらいい。

マスコミは「トランプ大統領が強い」ので攻撃《こうげき》している

質問者A　バイデンさんのところで重要なのは、けっこうボロが出たところで、今、アメリカのマスコミは、バイデンさんのまずいところはまったく報道しないわけですよ。汚職《おしょく》とか、そういうことについては、一切《いっさい》……。

トランプ守護霊　負けるからね。弱いところを報道したら、かわいそうじゃない。

質問者A　そこは報道しないで、完全に「トランプさん叩《だた》き」に入っています。

トランプ守護霊　負けるから。この人、負けるから。

質問者A　はい。そうですね。

トランプ守護霊　うん。弱いところを報道したら、マスコミは悪役になるからさ。〝強い人〟を攻撃《こうげき》するので、マスコミは正当性があるから。

質問者Ａ　ただ、マスコミも、善悪は関係なく……。

トランプ守護霊　だから、私を攻撃しているというのは、「私のほうが強いと見ている」ということなんだよ。

質問者Ａ　そうですよね。そういうことで、トランプさんは、今年の初めぐらいは、もう完全に「大統領再選」というかたちにはなっていました。

トランプ守護霊　当然ですよ、それは。まだ、あと、これから五年近くは私がやりますから。

やらないと、あと、世界では、あんなプーチンみたいな、もう〝何十年〟も大統領をやっているやつがいるし、習近平《しゅうきんぺい》みたいに〝終身制〟でやっている人もいるし、安倍《あべ》さんも、なぜか終身制みたいにやり始めているし、もう世界は……。メルケルだって、なんか辞《や》めはしないしさ。もう、みんな頑張っているからさ。やっぱり、交渉力《こうしょうりょく》が落ちたら、アメリカの力が落ちるじゃないですか。

質問者Ａ　そうですね。

トランプ守護霊　だから、そう簡単にはいかないですよ。

『トランポノミクス』『トランプ経済革命』で日本は救済できる

質問者Ａ　今日は、大統領選に向けてトランプさんがＰＲしていきたいところ、アメリカのマスコミが十分に扱《あつか》わないところについて、ちゃんと、アメリカ人、日本人、世界の人々が知るべき論点について、全部明らかにしていただきたいと思っています。

トランプ守護霊　もはやね、私が全権を持っていたらねえ、日本のいろんな人事権まであったら、本当にいいんだけどね。だから、『トランポノミクス』を翻訳《ほんやく》されたCさんとかは、それはもう、〝経済再生大臣〟に任命したらいいんだよ。

質問者A　そうですよね。

トランプ守護霊　民間から入ったっていいんだからさ。半分までは民間の大臣でも構わない。議席を持っていなくてもいいんだからさ。『トランポノミクス』と、なんか最近、

『トランポノミクス』(スティーブン・ムーア、アーサー・B・ラッファー 共著／藤《ふじ》井《い》幹久《もとひさ》訳 幸福の科学出版刊)

何だっけ？　もう一つあったよな？

質問者Ａ　『トランプ経済革命』。

トランプ守護霊　『トランプ経済革命』。この二冊を持って、そして、官邸《かんてい》に乗り込《こ》んで、経済再生担当で君（Ｃ）が来て、この書に書いてあるとおり言ったらいいんだよ。そうしたら、日本は、もう救済されたも同然だ。首相は誰《だれ》でも一緒《いっしょ》だよ。だから、それさえやっていれば、もう、あとは小さい。

バイデン候補の経済政策は間違《まちが》っているので、彼は負ける

質問者Ａ　（Ｃに）では、最初は、その経済あたりから、Ｃさん、もし何かありましたら、どうぞ。

『トランプ経済革命』（スティーブン・ムーア、アーサー・B・ラッファー　共著／藤井幹久訳　幸福の科学出版刊）

質問者C　はい。バイデンさんは実際に報道されているとおり、増税路線に入ろうとしています。つまり、トランプさんがやったことを丸ごと全部引っ繰《く》り返そうとしていると理解されています。

今、メディアの論調としては、「明らかに、トランプさんが不利なのではないか」という説が広まっているのですが、実際のところ、勝算《しょうさん》はいかがなのでしょうか。

トランプ守護霊　いやあ、バイデンさんになったらだよ、私が二十一パーセントぐらいまで下げた企業《きぎょう》に対する税率とかを、もう二十八パーセントまで上げようと、確か言っていたんじゃないかなあ。

だから、企業は税率が上がるわけですから、こんな経済危機のなかでそんなに上げられたら、もっと失業……、要するに、クビを切るしかないよね。人のクビは切らなくてはいけない。そして、合理化もしなくてはいけないし、潰《つぶ》れるところはいっぱい出るわねえ。

彼は、それは大きな政府を目指しているからさ、税金がもっと欲《ほ》しい。税金をもっともらって、そして、そういう潰れる会社に、いっぱい、また投入したりするのさ。日本がやっているみたいなことをしたがっているわけで。日本より後《おく》れているんだよ。日本のまねをしようとしている。駄目だね、うん。

まあ、負けるよ。間違《まちが》った者は負ける。

2　独裁国家・中国の封《ふう》じ込《こ》めへの道筋《みちすじ》

「香港《ホンコン》行政長官の命は、来年まであるかどうかは分からない」

質問者C　経済だけではなくて、国際情勢としては、香港《ホンコン》の情勢が非常に気になります。（民主派の逮捕《たいほ》に）これは「ひどいことだ」と、最近もトランプさんは発言していました。「実際に何をプランしているのか」は言いづらいかもしれませんが、何かお考えはありますでしょうか。

トランプ守護霊　うん、あるよ。だから、香港の行政長官、および、その周りの側近たちは、もう把握《はあく》しているから。誰《だれ》で、どこに住んでいるか。行動パターンまで全部、もうつかんでいるので。攻撃《こうげき》シミュレーションまで、もうできているので、得意中の得意の〝ピンポイント攻撃〟をやるかもしれない。北京《ペキン》まで襲《おそ》うと戦争になるからやらないけど、香港の行政長官の命は、来年まであるかどうかは分からん。

質問者C　先ほどバイデンさんは、日本を戦場にしてもいいように聞こえる発言をしていましたが、どのように考えますか。

トランプ守護霊　（笑）よく、そんな、「日本人に投票権がない」と思って、言いたい放題言っているな。そんなことは、あってはならない。日本を戦場にする前に、敵国を殲滅《せんめつ》する。それは当然でしょう。そうでなければ、同盟なんか成り立たないよ。そのくらいでなければ。うん。

「私は五カ国艦隊《かんたい》を使えるが、バイデンはイギリス軍を使えない」

質問者B　最近、台湾《たいわん》にトランプ政権の閣僚《かくりょう》が訪問されましたけれども。

トランプ守護霊　うん。行ったな。

質問者B　今後、台湾との関係はどうされますか。

トランプ守護霊　いや、もう台湾も日本も、あとインドも含《ふく》めて、「対中国包囲網《ほういもう》」を築く。幸いにロシアのプーチンがトランプ支持なので、ロシアまでやらなくて済むので助かる。ロシアのほうが「敵に回らない」ということを、もう言ってくれているので、中国を囲むことは可能なので。

インドにもアメリカの攻撃用兵器を売り込《こ》んで、米軍と同じ機能の攻撃部隊がつくれるように指導したいし。あと台湾にも、もうすでに売り込んであるし、日本にもだいぶ入っているので。日本はちょっと、指導者の問題はあることはあるけれども。

三カ国と米軍独自の行動の「四カ国艦隊《かんたい》」、最低ね。あと、イギリスが入ると思う。

バイデンになったらイギリスは使えないんですよ。バイデンになると、イギリスのブレグジットに反対しているから、「元に戻《もど》れ。ＥＵに戻れ」と言っているから、バイデンはね。

バイデンはアイルランド系なので、もとを言うと。さっき何か、アメリカ固有のエリートみたいなことを言って嘘《うそ》をついていたけど（笑）、アイルラインド系なんだよ。アイルランドは、ブレグジットをされたら不利になる可能性が出てくるので、非常に難しいんだよ。「イギリス本土との関係」と「ＥＵとの関係」でどちらと組むか、アイルランドはすごく困るので。だから、してもらいたくないから。

だから、イギリスが今ね、「三百万人ぐらいまでは香港の人たちを引き受ける用意がある」と、ねえ？　「ビザを出してもいい」と言っているけど、バイデンになったら、これ保護はなくなるから。保護がなくなるから、イギリスは動かない。私ならイギリスは動くので。

今言ったように、「日本」「台湾」「インド」、それに、「アメリカ本土、アメリカの米軍」、それに、「イギリス軍」は最低、この五つは、五カ国の軍事力は、中国に対してプレッシャーをかける。

イスラエルとＵＡＥの国交正常化が意味することとは

質問者Ａ　台湾に閣僚を送った次の一手として、国家承認があるのではないかと言われています。今ちょうど、トランプさんがやられた、ＵＡＥ（アラブ首長国連《れん》邦《ぽう》）に対するイスラエルの国家承認の流れが出てきました。

トランプ守護霊　あれは賢《かしこ》いだろう?

質問者A　はい。

トランプ守護霊　「まさか」と思っていただろう?

質問者B　このタイミングは驚《おどろ》きでした。

トランプ守護霊　そういうことをねえ、私はできるんだよ。だから、「イスラエル対アラブというかイスラム教で、イスラム教を殲滅《せんめつ》している」と思っている人がいっぱいいるんだけど、アメリカにだってイスラム教徒はいるので、そういうわけじゃない。

そういう宗教的偏見《へんけん》を持っているわけではないことを見せて、アラブ側とも、イスラエルともくっつけることによって、「イスラエルを応援《おうえん》したことは、イスラム教殲滅作戦ではないんだ」ということだけ理解すれば……。

「イランを民主主義体制に変え、中東の安定をつくり出したい」

トランプ守護霊　まあ、イラクをかつて攻撃したことがあるけれども、イランも今の政治体制は問題があって。報道がされないのは中国と一緒《いっしょ》だけれども、国内ではインフレが進み、暴動がいっぱい起きて、ものすごい数の人が検挙されて、逮捕されたりしている。

それは、市民の側にも理があって、「イスラム教徒が、イスラム教の最高指導者がする政治に対して暴動を起こしている」ということは、ああいう一枚岩の国家においてはあってはならないことが起きているわけだよ。報道できないようなことが起きているわけで。

それは、民主主義の考えが少しでも入っているなら、イスラム教徒たちが「イスラム教の最高指導者の政治が悪い」と言って暴《あば》れているのを、これは、やっぱり受け入れる必要はあると思うんだ。改革しなくてはいけないので。それを、素直《すなお》に聞く耳を持っていない。頑《かたく》なだから、心が。

でも、ものすごくプライドだけは高くて、「六千年の歴史がある」とか、「アメリカは二百年しかない。国家ができて二百年ちょっと。わしは六千年」と言って、ふんぞり返って威張《いば》っているから、これはちょっと〝揺《ゆ》さぶる〟必要はあるので。別に全面戦争したいとは思ってはいないけれども、やっぱり、もうちょっと民主主義体制に変える……。

まあ、「二正面作戦」みたいに見えるかもしれないけど、イラン自体は、アメリカから見れば、それはもう十分の一の戦力も必要がないので、ちょっと割《さ》けば済むことなので。「中東の安定をつくり出したい」とは思っています。

トランプ大統領の北朝鮮《きたちょうせん》外交は、失敗ではなかった？

トランプ守護霊　それから、「イラン、中国、北朝鮮《きたちょうせん》、ロシア」と、「悪の枢軸《すうじく》国家」を組もうとしているんだろうけど、ロシアがまだ本気では乗ってこないし。北朝鮮とは、金正恩《キムジョンウン》とも会って骨を抜《ぬ》いといたから。骨抜きにしてあるので、私が何か言った場合は、本格的には抵抗《ていこう》はしてこないと思います。

質問者A　徐々《じょじょ》に周りを固めていきながら、中国をターゲットとして、今……。

トランプ守護霊　そう、そう、そう。だから、少なくともね、「私が北朝鮮との外交に失敗した」と思っているかもしれないけれども、彼と何度も会ったことで、ほめてやったりしたことによって、もし中国とアメリカにね、戦争状態のようなものが起きたからといって……。

もともとの中国が北朝鮮を使いたかったら、中国以前に北朝鮮をもう前線基地にして、日本とか台湾とかと戦わせるような、そういうスケープゴートにしようと思っていたと思うんですよ。それが、しにくくなっている。とってもしにくくて、今、中国の言うことをきかないですよ。

中国の狙《ねら》いは、アメリカ経済を奈落《ならく》の底に突《つ》き落とすこと

質問者C　コロナ問題についても、お伺《うかが》いしたいです。

トランプさんの守護霊はしばらく幸福の科学に来ていなくて、コロナ・パンデミック以来、この件についてのメッセージはまだありません。地上のトランプ大統領は、左翼《さよく》メディアからの評判は悪いですが「チャイナ・ウィルス」と言っています。改めて、今、この「発生原因」や「意図」、「いったい何が起きているのか」ということについてのお考えをお聞きできればと思います。

トランプ守護霊　まあ、発生原因は、それは「ウィルス戦争」の目的があって遂行《すいこう》したものだと理解しています。

ただ、うちのほうの、アメリカにコロナは流行《はや》っているけれども、対策としては、ちょっとバイデンも言ってはいたけれども、「ワクチンの製造」に、今、力を入れているので。これができないかぎり、もうこれは止められないので。

ワクチンが製造できて行き渡《わた》るようになれば、それはもう、ある程度、対応可能になりますので。それまでの間、「アメリカの経済を失速させないこと」のほうが大事だと思っているので。

だから、広がるかもしれない、ちょっと広がっているように見えるかもしれないけど、経済の失速のほうが怖《こわ》いので。経済を大失速させたあとワクチンができても、病人は治るかもしれないが、経済は元にはもう戻らない感じになるので。

中国の狙《ねら》いは、「アメリカ経済を奈落《ならく》の底に突《つ》き落として、中国が世界ナンバーワンになる」という戦略だろうと思うんだよ。絶対そうだと思うし、今、どういうわけか知らないが、「三月で中国の感染者《かんせんしゃ》が止まり、死者も止まっている」という。こんなことは、あまりに奇跡《きせき》すぎてありえない（笑）。「信仰心《しんこうしん》のない国に、なんでそんな奇跡が起きるのか」が私には理解できないけど、習近平《しゅうきんぺい》が〝現人神《あらひとがみ》〟になろうと、たぶんしているんだろうと思う。

質問者A　では、大筋《おおすじ》は明らかに……。

トランプ守護霊　彼が武漢《ぶかん》に行ったら、ピタッと止まったんだろう？　増えなくなったんだろう？　まあ、それだけのことだけど。これが社会主義の実態だよな。

質問者A　あまりにも少なくしすぎているというのは、内部関係者からも漏洩《ろうえい》してきていますけれども。

トランプ守護霊　あるわけがない（笑）。

質問者Ｂ　実際、感染者数をカウントするのをやめているだけでしょうし……。

トランプ守護霊　うん、検査していないんだよ。

質問者Ｂ　ある情報によれば、感染した人を病院に送っても病院のキャパを超《こ》えていて対応できないので「もう死んだ」ということにして焼いて、死体を埋《う》めているとか、そういったことが行われているそうです。

トランプ守護霊　うん。だから、病院がねえ、そんなにもう対応できないんだよ。だから、〝検査しなければ感染していない〟んだよ。

質問者B　実際、病院にも行けない方は、もうご自宅で亡《な》くなられているそうです。

トランプ守護霊　ああ、行けないよ。貧乏人《びんぼうにん》も多いしね。広がっている。

日本と台湾《たいわん》の被害《ひがい》を最小にするシミュレーションをしている

質問者A　このあたりについては、アメリカに亡命した香港大学の女性のウィルス研究者が、今、事実を暴露《ばくろ》していますけれども、何か決定的な攻撃を中国に対してなさるおつもりはありますか。もう一つか二つ証拠《しょうこ》を出して。

トランプ守護霊　うん、まあ、ちょっと、これはしゃべるといろいろ怒《おこ》られるかもしれないいけど……。

質問者A　まだ言えない、シークレットですね？

トランプ守護霊　ある程度、被害《ひがい》が大きくならないと、大義名分《たいぎめいぶん》が立たないので。これを言ったらアメリカ国民にちょっと怒られるから、大統領としては言いにくいんだけど……。

質問者Ａ　ああ、まあ、そこは、では……。

トランプ守護霊　どのくらいまで被害が……、まあ、これ、シミュレーションはいちおうしているんだよ。どのくらいまで被害が出たら、アメリカが激怒《げきど》して軍事行動を起こしても、世界の国際世論《せろん》は「アメリカが正しい」と思ってくれるかという計算は、いちおうしてはいることはいる。

質問者Ａ　そうですか。決定的証拠みたいなものは、握《にぎ》ってはいるのですか？

トランプ守護霊　証拠は、ほぼ握っています。

質問者A　握っていますか。

トランプ守護霊　うん。だから、開発段階、十五年前のコウモリウィルスの開発の段階から、もうつかんで全部知っているので。だいたい、もうほぼつかんでいます。ただ、「軍事マターになった場合」と、「その後どうするか」までを含めてやらなくてはいけないし、慎重《しんちょう》に進めないと、同盟国である日本が経済的にも軍事的にも被害を受ける可能性があるので、これを最小にするシミュレーションをやっているし。

また、台湾は近いですから、中国から。台湾が「人口が三分の一になる」みたいなことを、やっぱり起こしてはいけないので。二千何百万人の国だから、本気でやれば、「人口が半減する」とか、「三分の一になる」とか、あるかもしれないので、そういうことをさせないように、やらなくてはいけないなとは思っています。

「私が再選されて、二年以内に習近平《しゅうきんぺい》を失脚《しっきゃく》させる」

トランプ守護霊　今はでも、いちばん〝ファースト〟はね、私、別に軍事主義者ではないので、〝ファースト〟は、やっぱり、「私が再選されて、二年以内に習近平《しゅうきんぺい》を失脚《しっきゃく》させる」。

質問者Ａ　なるほど。

トランプ守護霊　これがいちばん……、オプションはこれなんです。だから、これは、別に平和的な考えだと思っていますよ。中国国内にも、ものすごく、今、不満が溜《た》まっているから。習近平失脚を狙っている人がいるから。

悪い数字、「経済的な数字」と、「感染者数」や「死者の数」等の悪い証拠は、できるだけ出したくないのは彼らの考えだけど、なかで義憤《ぎふん》に燃えている人は、中国にもいっぱいいいるから、内部告発は、やっぱり、これからも出るし、内部的に反乱する政治的指導者も出てくるから、それらには応援を当然したいとは思っています。

質問者A　つい最近、中国の公式行事で習近平の次に、李克強《りこくきょう》氏が挨拶《あいさつ》をしようとしたら、嫌《いや》がらせをされて、彼が立ち上がろうとした瞬間《しゅんかん》に次の人が紹介《しょうかい》されて、挨拶もできずに座《すわ》って、恥《はじ》をかかされたというシーンがネットで流れているのですが、明らかに李克強氏は、今、吊《つ》るし上げられそうになっています。

トランプ守護霊　ああ、そうなんだよ。

質問者A　このあたりの、内部抗争については……。

トランプ守護霊　いや、それはねえ、自分の下にね、大統領ではないけど、主席の下に首相がいて、「その首相のほうが、上にいる人よりは有能だ」と思われているということは、不満が溜まってきたときには、政治構造としては極《きわ》めて危険を伴《ともな》う。

李克強はハーバード大学に留学する資格を持っていたのに、アメリカ留学をすると、中国の政界では〝二軍扱《あつか》い〟される恐《おそ》れがあるので、断念して行かなくて中国に踏《ふ》みとどまったんだよね。だけど、心のなかでは……、だから、ハーバードに留学できるぐらいだったから、アメリカに対する憧《あこが》れや勉強は進んではいるから、頭のなかでは使い分けしている。

「習近平に忠実に働く面」と「実は、自分はこういうふうに思っている」という二面性を持っているから、クーデターが起きて、もし、ここを温存《おんぞん》していたら、これが上に上がる可能性があるから、だんだんに力を削《そ》いでいきたいなあと思っているとは思う。

「中枢部《ちゅうすう》で権力闘争《とうそう》を起こして意見を割らせる」のが基本戦略

質問者Ａ　アメリカとしては、内部分裂《ぶんれつ》の仕掛《しか》けはされているんですか？

トランプ守護霊　うーん、いや、仕掛け……。私のほうが？

質問者Ａ　はい。

トランプ守護霊　仕掛け？　いや、うーん。

だから、（中国は）やっぱり数字操作して、悪い数字を消していく。だから、今年（二〇二〇年）の中国で、どうせ「プラス成長」で最後は出すつもりでいるんだと思うけど。まあ、数字は下げるだろうけれども、それでも、一パーセントから三パーセント成長ぐらいの数字を出してやろうと考えていると思うが、良心の呵責《かしゃく》に耐《た》えかねて、「やっぱり、それはおかしい」って言う人が出る。

実際には、最低でもマイナス十五パーセントぐらいは出るはずなんですよ、中国経済。もっとあるかもしれない。だけど、粉飾《ふんしょく》しているから、「プラス経済」で絶対〝大本営発表〟するから。だから、これ、良心がある人は耐えかねるところは出てくると思う。そこに、やっぱり内紛《ないふん》を起こす。

だから、「外部的に、対外的に侵略《しんりゃく》を図《はか》っている国家に対しては、内部、中枢部《ちゅうすう》で権力闘争《とうそう》を起こして意見を割らせる」というのが基本戦略だよな。

情報統制の中国と戦うには、
〝戦時大統領〟としての「トランプ再選」が必須《ひっす》条件

質問者A　ヒューストンの中国総領事館の閉鎖《へいさ》については、「スパイの疑惑《ぎわく》で」ということでしたけれども、あれ以外にも、戦略としては何かあったのでしょうか。

トランプ守護霊　うーん、まあ、うーん……。とにかく、〝スパイ天国〟だからね。あっちもやりまくっているけど、今度、アメリカのほうから中国のなかに入ってスパイをするのは、けっこう難しいんだよ。やっぱり閉鎖国家なので、意外に。でかいけど、閉鎖国家ですから。

だから、武漢の状況《じょうきょう》が、本当に一月以降、つぶさに全部、情報公開されていたら、世界の対策はもっと早かったと思えるし。

さらに、今、大洪水《だいこうずい》でね、揚子江《ようすこう》（長江《ちょうこう》）、黄河《こうが》共に氾濫《はんらん》して、今、水害で被害を受けているのは六千五百万人は超えていると言われていて、推定数兆円ぐらいの被害はもう出ているという。これだって本当かどうかも分からないけど、言っている数字より小さいことはたぶんないと思う。

もし、六千五百万が本当だとしても、一億人近い人が水害で家を流されたり、自分の生活が脅《おびや》かされる状況になっていて、それを日本みたいにねえ、避難《ひなん》住宅をつくって避難させるまでするだけの力がたぶんないはずだから、みんな食うや食わずで、コロナ感染のなかを生きている状況の可能性が高い。

これを知らせたら、あっという間に政権は危なくなる。これを情報統制しているけど、どこかでそれは、許せなくなってくる者が出ると思うので。

私としては、香港の反対もできるだけ世界に知らせておきたいし、中国の内部での反乱を起こさせたいと思っている。

まあ、それにはちょっと時間は要《い》るから、私の再選は、これは必須《ひっす》条件だと思っているので。

そうでないと、戦える時間が、今、八月で、もう十月ぐらいまでしかないので、それ全部に片をつけるのは無理。向こうの情報隠蔽《いんぺい》が、まだ十月ごろまでならもっているかもしれないので、もうちょっと時間が欲《ほ》しい。

質問者Ａ　そうですね。

トランプ守護霊　だから、バイデンはもう降りてもらえないかなあ。

質問者Ａ　（笑）いや、マスコミがかなり……。

トランプ守護霊　いや、〝戦時大統領〟なんだから、だから、もう、そんなの、選挙なんかやっている暇《ひま》はないいんだよ、実際。やっていたらいけないいんだよ。

質問者Ａ　そうなんですよね。

トランプ守護霊　それが民主主義の最大の弱点だと思われているから。

3　大統領選と中国民主化への展望

「バイデンが勝ちそうなら、神は〝怒《いか》りの電撃《でんげき》〟を落とされる」

質問者A　トランプ大統領は、今、形勢について、どのようにご覧になっていますか？

トランプ守護霊　何の形勢？

質問者A　大統領選の支持率は、マスコミによるとバイデンのほうが上だということになっています。

トランプ守護霊　ああ、それは全然、そんなの問題なし。私が再選されます。

質問者A　勝ちますか。

トランプ守護霊　ああ。もし、再選されないような状態がギリギリまで続いて、バイデン優位で、本当にバイデンが勝ちそうになるっていうなら、神は〝怒《いか》りの電《でん》撃《げき》〟を落とされると思います。

質問者A　もう、そういうことになっていますか。

トランプ守護霊　バイデンは脳溢血《のういっけつ》か何かを起こして死ねば、それで終わりでしょ？

質問者A　やはり、バイデン氏は認知症《にんちしょう》なんですか?

トランプ守護霊　あのねえ、脳の血管の巡《めぐ》りは、やっぱり悪いらしい。

質問者A　悪い。はい。

トランプ守護霊　だから、ここがちょっとパンクすれば、それで終わりらしいので。

質問者A　終わりですか。

トランプ守護霊　それを宇宙から、「いざというときは、勝てないようだったらやります」っていう〝証文《しょうもん》〟をもらっているので。

質問者A　そうですか。

トランプ守護霊　おたくにも関係がある方が、「いざというときは電撃一閃《でんげきいっせん》をやりますので、心臓発作《ほっさ》か脳溢血か、どちらかは起こします」って。

質問者A　そういう〝通信〟が入っていると。

トランプ守護霊　うん、うん、うん、あるので。まあ、勝つでしょう。

質問者A　そのきっかけになる〝弾《たま》〟は、まだ持っているわけですよね？

トランプ守護霊　ああ、あるよ。

質問者A　先ほど言いました、バイデンと中国との癒着《ゆちゃく》の問題だとか、ウクライナの検察を動かして捜査《そうさ》をやめさせた問題だとか、いずれにしても、バイデン氏は息子《むすこ》の会社の利益として、そうとう巨額《きょがく》の富を入手したはずなんですよね。このあたりが、大統領選においてまだ大きく出ていないわけです。このあたりの〝弾〟は、もうすぐ使われるのですか？

トランプ守護霊　うーん、まあ、使えるなら使うが、先ほどの〝C大臣〟が言っていたように、なあ？　わしと論戦したら終わりなんじゃないか？　三回ぐらい公開討論をやったら、その途中《とちゅう》で脳溢血を起こして倒《たお》れるんじゃやない？

質問者B　ワンラウンドでKOかもしれないですね。

トランプ守護霊　ねえ？　もうそれで脳溢血、こうパンクして、救急車で運ばれた

●先ほどの……　『トランプ経済革命』発刊セミナーで、「討論会でトランプはバイデンに圧勝する」と言及された。

ら、もうそれで終わりだろ?

質問者A　まあ、向こうはとにかく、なるべく論戦をさせないように〝地下に隠《かく》す〟というのが戦略らしいですね。

トランプ守護霊　それは、それでは勝てないわねえ、アメリカの大統領は。私はまだまだ、大したものを食わなくても、隆々《りゅうりゅう》たる、スーパーマンが今でも演じられるぐらいの体格を維持《いじ》しているから。スーパーマンは百九十三センチ、百キロぐらいじゃないかと思うが、私は体重はもっとあるからな。

でも、豪華《ごうか》なものを食わず、酒も飲まず、タバコも喫《の》まず、コーヒーも飲まず、健康を維持しているし。

まあ、まだまだねえ、仕事が忙《いそが》しいから控《ひか》えてはおるが、子孫《しそん》をつくろうとすれば、まだまだ、まだまだ十年ぐらいはつくり続けられるぐらいのパワーを持っている。〝スッポン・パワー〟があるがなあ。

台湾《たいわん》有事の際のシミュレーションは、すでに終わっている

質問者C　ご自身でも、「ウォータイム・プレジデント（戦時大統領）」と言って……。

トランプ守護霊　うん、そう！　そうなんだ。

質問者C　国家非常事態宣言以来、「戦時体制なんだ」ということを国民に対して発信していますが、幸福の科学の霊界《れいかい》情報によりますと、●秦《しん》の始皇帝《しこうてい》からは、「台湾《たいわん》・沖縄《おきなわ》同時攻撃《こうげき》もありうる」ということです。向こうから先手を打ってくる可能性もありますが、何かお考えはありますでしょうか？

●秦の始皇帝からは……　『公開霊言　魯迅《ろじん》の願い　中国に自由を』（幸福の科学出版刊）第二部 第１章「秦の始皇帝の霊言」参照。

トランプ守護霊　うーん、まあ、台湾はもう十分に備えていると思うよ。蔡英文《さいえいぶん》は、それは、李登輝《りとうき》が死んだあたりで、「向こうはもう狙《ねら》ってくる」と思っていると思うので。「一年もかからないんじゃないか」と思っているから。ちょっと、そのときに何か備えられるようにはしてはいます。

だから、グアムからになるとは思うけれども、長距離爆撃機《ちょうきょりばくげきき》でいくか、ミサイルでいくかは分かりませんが。これは言っちゃいけないことだけど、必要とあれば、遅《おそ》くとも……。まあ、シミュレーションは終わっているので、遅くとも、例えばね、夜の八時に大統領命令が出れば、夜中の三時ぐらいには中国の某所《ぼうしょ》が火の海になっているということはあるでしょう。

南シナ海での「中国の軍事演習」は、ある種の陽動作戦

質問者Ａ　だいぶ、南シナ海での中国の軍事演習が増えているのですけれども。

トランプ守護霊　うん。いや、でも、それはある種の陽動作戦なので。そちらで戦いを起こそうと……。

向こうは、要するに外側に持ってこようとしているので。「海」で戦いを起こそうと考えているんだろうと思う。被害《ひがい》が少なくて済むから。海の基地の人なんか、もう死んでも構わないと思っているから、中国は。

だから、それは、そんな南の南沙《なんさ》諸島で駐在《ちゅうざい》させられている軍人はたまったものではないと思うけど、全部〝見殺し〟にするつもりでいるから。

「米軍はそっちを攻撃してくれるのならありがたい」と、たぶん思っていると思うよ。

質問者Ａ　そうすると、そこの裏をかくという……。

「日本の米軍基地が、中国に先に攻撃《こうげき》されるということはありえない」

質問者C　日本人にとってのシナリオを想定しますと、米中開戦の場合、日本にある米軍基地が、まず最初にターゲットになる可能性があります。このあたりについては、何か見立てはありますでしょうか？

トランプ守護霊　米軍基地が先に攻撃《こうげき》されるということはありえません。向こうが攻撃モードに入る前にキャッチできるようになっているので。そのへんの技術的な差はそうとうありますから。そういう攻撃モードを出したら、すぐに叩《たた》きます。だから、うちが遅《おく》れるということはありません。もう戦時体制に入っていますから。大丈夫《だいじょうぶ》です。

質問者C　そうすると、実際には、「米軍の圧勝」というシナリオを大前提に動いているということでしょうか。

トランプ守護霊　まあ、それは（笑）、ほぼ一日で決まるでしょう。一日で世界は……。もし、悪の手先のCNNでも、それを映像で流す気があるなら、どうなっているかは分かると思います。分かるように、なるべくするつもりです。

質問者A　そのあたりは日本に言うと、当然、大変なことになるんでしょうから。

トランプ守護霊　そうそう。安倍《あべ》さんに言うのは、〝ほんの直前〟ですね。それ以外は言わないです。だって、日本の情報はもう〝筒抜《つつぬ》け〟だから。

質問者A　そうですね。

今、中国では北戴河《ほくたいが》会議をやっていまして、それが今月（八月）の下旬《げじゅん》には終わるのではないかと言われています。そのあたりからが軍事攻撃のポイントではないかということは、巷《ちまた》での噂《うわさ》になっていますけれども。

まあ、それは言わないほうがいいとは思いますが……。

トランプ守護霊　うーん、まあ、これは、私は口が軽いから、ベラベラしゃべっちゃいけないので、（幸福の科学に）なるべく来ないようにしていたんだけどね。

質問者A　ただ、向こうは、今、アメリカからの攻撃に対して、ポンペオ国務長官などが何か言ってきても、弱いですよね。「なるべくトランプ大統領が落選するのを望んで、そのあとまで持ち越《こ》そう」というのが、中国の戦略のように見えます。

トランプ守護霊　まあ、いろいろ探《さぐ》るでしょう。

だから、南シナ海周辺でも、いろいろゴソゴソしたりもするだろうけれども。たぶん日本も、尖閣《せんかく》付近も、「いきなり漁船団が千隻《せき》現れる」とかいってうろついたりして、日本が何ができるか、アメリカはどうするか、見ようとしたりはするだろうとは思いますけどね。

中国共産党政権に対する〝日本の最終兵器〟とは

質問者A　大川隆法総裁の「夢の話」というのは、ご存じでしょうか。『魯迅《ろじん》の願い』という本にも出ていますが、日本を脅《おびや》かそうとして、十七個の頭がある巨大な龍《りゅう》が出てきまして、それを総裁先生の霊的パワーで引き裂《さ》いたわけですけれども。始皇帝がその龍だったと言われてはいますが、このあたりの夢解きについて、もし何かご意見があればお伺《うかが》いしたいと思います。

トランプ守護霊　いやあ、それは、大川隆法総裁は〝日本の最終兵器〟だろうから。最後はもう、別に自衛隊は要《い》ら

●大川隆法総裁の「夢の話」……　『シヴァ神の眼から観た地球の未来計画』の「あとがき」、『公開霊言　魯迅の願い　中国に自由を』（共に幸福の科学出版刊）参照。

ないんじゃないの？

質問者A　ああ、そういう……（笑）。

トランプ守護霊　習近平《しゅうきんぺい》に対して、祈《いの》り殺したらいいんだろう？　たぶん殺せると思うから。それは、その夢はそういう意味だよ。だから、「始皇帝だって引き裂かれるが、習近平だって呪殺《じゅさつ》できる」っていうことだろう、たぶん。

いや、だから〝最終兵器〟だよ。分かりはしないよ。

習近平《しゅうきんぺい》氏の失脚《しっきゃく》後の、中国の民主化の見通しについて

質問者B　先ほど、「二年以内に習近平《しゅうきんぺい》を失脚《しっきゃく》させる」というような戦略を明かしてくださったのですけれども、その後の中国については、どのような見通しを立て

ていらっしゃいますか？

トランプ守護霊　うーん、まあ、だから、日本の明治維新《いしん》と似たようなものかもしれないし、戦後と似たようなものかもしれないけれども、ちょっと民主改革は、やっぱり、やらせなければいけないわねえ。少なくとも、アウシュビッツ化しているような幾《いく》つかのところは蓋《ふた》を開《あ》けて、調査して、国際的に情報公開して。まあ、ウイグルとか南モンゴル、それからチベット等を情報公開し、香港《ホンコン》の実態も明らかにした上で、世界が監視《かんし》しているなかで、中国の改革を進めるという人をいちおう傀儡《かいらい》に立てて、それを進め、とりあえずやるしかないかなあと思っていますけどね。

まあ……、いやあ、研究は進めております。非常に分かりにくい国ではあるんですけれども、「このあたりが使えるかな」っていうあたりについては、ある程度、絞《しぼ》り込《こ》みはかけてはいるし。場合によっては、もうアメリカに来ている中国人等を帰国させて、次の体制をつくるために働いてもらうこともありえるかなあとは思ってはいるけどね。

「襲《おそ》いかかる前は、できるだけ静かに近づいていくことが大事」

質問者A　少し話は戻《もど》るのですけれども、トランプ大統領の守護霊様は、いちばん過激なというか、コロナ問題以降、米中関係が紛糾《ふんきゅう》してきた時期に、こちらに来ませんでした。一方、始皇帝や習近平守護霊などは、心が乱れて総裁先生のところに来たのです。

トランプ守護霊　ハハッ（笑）、〝あっち〟ばかり来て（笑）。そう。

質問者A　トランプ大統領は、心が乱れている様子がなかったということになると思うのですが、なぜ、それだけ心境が平穏《へいおん》に保てているのか、あるいは、シークレットなことを言わないために来ないのか、そのあたりについてお聞かせください。

トランプ守護霊　それはね、あなたね、ヒョウがカモシカを狙うときには、静かーに忍《しの》び寄っていって、ダッシュをかけて追いつける距離までは忍び寄っていくわね。その前に音を立てて鳥が飛び立ったりしたら、逃《に》げるからさ。それは猛獣《もうじゅう》の本性《ほんしょう》としては、襲《おそ》いかかる前はできるだけ静かに近づいていくっていうことが、大事なことだわなあ。

質問者A　もし大統領選で負けると自覚したとしたら、それは動揺《どうよう》しますから、心境は乱れますよね？

トランプ守護霊　ああ（笑）、私が負けることはありえないです。

質問者Ａ　ないですか。

トランプ守護霊　ありえないです。ええ。私が負けるぐらいだったら、それは、日本の首相官邸《かんてい》にミサイル一本ぐらいは撃ち込んでやるよ。「おまえら、もうちょっと応援《おうえん》しろ」って。「『中国が悪いことをしている』って、一緒《いっしょ》に一斉《いっせい》にカエルの合唱みたいにワーワー言って、『トランプさんでなければ、日本が護《まも》れない』っていう応援ぐらいしろ」っていうことを、日本の首相官邸にも圧力をかけますよ。もし、負ける予想があるのならね。だから、日本なんかもう、ちょっと、あれじゃないの？　横須賀《よこすか》基地あたりからドローンでも飛ばして、首相官邸の上から模擬《もぎ》爆弾でも落としたら、もう震《ふる》え上がっちゃうんじゃないの？　うん。「やれないことはないんだぞ」っていう。

「郵送投票」では不正操作が行われる恐《おそ》れがある

質問者A　最近、トランプ大統領が反応していたのが、大統領選の「郵送投票」ですよね。

トランプ守護霊　うん、うん。

質問者A　各州で郵送投票を取るところがかなり増えていますので、あれはよくないということもおっしゃっていました。「郵送投票で不正投票が行われて、民主党が勝つのではないか」という意見もあるわけです。

トランプ守護霊　うん、まあ、それは投票を無効にする案も考えてはいるけど、いちおう。まあ、万一《まんいつ》、あっちが……。

最近、どこだった？　ベラルーシだったかどこだったか、なんか投票の不正操作があったよね。八十パーセント以上の支持というのが、これが嘘《うそ》だってEUが認めて、無効というのがあったじゃない。

質問者A　はい、ありました。

トランプ守護霊　だから、現実にやるんだよ。そういうことってあるので。郵送だと人手がちょっとかかるから、嘘が……。
要するに、「アメリカ人に文盲《もんもう》がいる」みたいには言いたくはないけれども、郵送のやつだと代理ができる可能性があるので。「まとめて送ってやる」みたいな感じのがやられる可能性もあるから。本人かどうかが確認できないところもあるのでね。ちょっと、このへんを疑っている。

バイデン候補では解決できない「中国の本当の急所」を握《にぎ》っている

質問者Ａ　このあたりが変数になるのではないかと思うのです。

そうすると、やはり、今後、目に見えるかたちで世論《よろん》を味方につける一手は、何かお考えなのではないかと思っているわけです。

トランプ守護霊　うーん、まあ……、今、中国が現実は悲惨《ひさん》な状態に陥《おちい》っているからね。これを何らかのかたちで明らかにすることと、中国が米国に対して行《おこな》っている犯罪的な行為《こうい》で、まだ「手持ちで持っていて、開《あ》けていないもの」もあるので。

質問者Ａ　あるんですか。

トランプ守護霊　それを出せば、「ええーっ！　そんな国なのか」っていうような感じで、「バイデンでは、これは解決できません」っていうのを出すことはできる。

質問者Ａ　できますか。

トランプ守護霊　うん、まだ持っている。〝本当の急所〟をまだ持って握っているので。バイデンではできない。

質問者Ａ　急所があるんですね。

トランプ守護霊　ええ、バイデンでは、これは解決……。

質問者Ａ　これはバイデンにも絡《から》む話ですか？

トランプ守護霊　ええ。バイデンは、もう買収されているから無理です。それは駄《だ》目《め》だから。私でなければできないということは、やるときはある。

質問者A　なるほど。

トランプ守護霊　あとは、そうだねえ。まあ、何とかレッテルを貼《は》ろうとして、「黒人差別」とかいろいろ言っているんだろうとは思うけどなあ。まあ、苦肉の策でいろいろ言っているんだろうけどねえ。中国がそれで金を撒《ま》いて、暴動を扇動《せんどう》したりもしているらしいということも分かってはいるけどね。

でも、やっぱり、ウィルスでアメリカ人を六百万人近く感染《かんせん》させて、もう十数万人死なせたということは、これはもう戦争行為に値《あたい》することですからね。最終的には、やっぱり、この蓋を開けて、〝戦時大統領〟としての臨戦態勢を見せることで、空気は変わると思いますよ。

質問者Ａ　なるほど。

４　幸福の科学への期待を語る

「自由・民主・信仰《しんこう》」のある体制を、世界の主流として維持《いじ》したい

質問者Ａ　この霊言《れいげん》も英語に翻訳《ほんやく》して、トランプ大統領の支援《しえん》にしたいと思っているのですけれども、このなかでトランプ大統領として、「ここの論点をちゃんと入れておいたほうがいい」というものが何かあればお願いいたします。

トランプ守護霊　うーん。まあ、私はちょっと、失言しちゃいけない……。いやあ、ちょっとバイデンみたいだなあ（笑）。

質問者Ａ　（笑）

トランプ守護霊　失言しちゃいけない立場にあるので、まあ……。

質問者Ａ　大統領選の難しい時期ですからね。

トランプ守護霊　うーん。ちょっと、奥《おく》さん（大川紫央総裁補佐）、助けてくださ
い。何か、私が言っておいたほうがいいことがあれば。よく考えてくださっている。

大川紫央　（苦笑）うーん……、Ｃさんに……。

トランプ守護霊　ああ、Ｃさん。

質問者Ａ　Ｃさん、どうですか。

トランプ守護霊　Cさん、どうしたら勝てるんだ？　アドバイス。

質問者C　いえいえ。もし一つコメントを頂けるのでしたら……。

トランプ大統領は、大川隆法先生が霊査《れいさ》しているとおり、「ジョージ・ワシントンの再来」であり、「アメリカの独立革命を成し遂《と》げた英雄《えいゆう》である」ということです。「今、この時代に、アメリカ独立革命に匹敵《ひってき》することとしては、これから何が起きるのか。あるいは行われるのか」ということをお訊《き》きしたいと思います。

トランプ守護霊　いやあ、だから、それは大川隆法総裁も言っていると思うけれども、われわれは……、「われわれ」というのは、私と大川総裁らはですね、今の「自由・民主・信仰《しんこう》」のある体制を、少なくとも、われわれの責任下

●ジョージ・ワシントンの再来……『アメリカ合衆国建国の父　ジョージ・ワシントンの霊言』（幸福の科学出版刊）参照。

で、二十一世紀ではなくて二十二世紀ぐらいまでは、世界の主流として維持《いじ》したいと思っている。

そういう国際体制というか、世界の流れをつくりたいし、その流れに、これから発展してくる国たちを入れていきたいので、その意味では、中国的な考え方に対して、〝万里《ばんり》の長城《ちょうじょう》〟で、これを阻《はば》まなければいけないと思っています。

だから、「信仰」も大事ですよ。だから、「日本の政治家は信仰を言わない」というのは、実にけしからんことだと思っています。「自由」と「民主」をまねているつもりだろうけど、肝心《かんじん》なものがない。「神への信仰」がないからさ。

「神への信仰」がなかったら、裏でいくら悪いことをしたって構わないわけで。

日本の親中政治家は、中国にブラックスキャンダルを握《にぎ》られている

トランプ守護霊　表向きはね、意味不明の言葉を一生懸命《いっしょうけんめい》言って、マスコミに嚙《か》みつかせないようにして、国民を愚弄《ぐろう》しながら、裏では、いろいろ取引をいっぱいし

たりしているんだろ？
どうせ、日本の親中派の重鎮《じゅうちん》なんかは、中国から、それはいっぱいもらっているよ。バイデンだけではなくて、そうとうもらっている。

質問者A　二階《にかい》さんとか。

トランプ守護霊　お金ももらっている。支援ももらっているし、女性の提供もされたことはいっぱいあって、もう逃《に》げられないようにグルグルにやられているはずだよ。もう、ずーっと前から、一九九〇年代ぐらいから中国が仕掛《しか》けているから。
このへんの、日本の政治家のブラックスキャンダルは、実は、私たちはもうつかんでいるんですよ。それを使わなくてもよければ、言わないけれども。

質問者A　ぜひ使ってください。

トランプ守護霊　使う必要があるなら、別のルートで日本のマスコミにリークはさせて……。

質問者Ａ　ぜひ、それはアメリカからリークしてください。

トランプ守護霊　ええ。親中派を少し減らします。癒着《ゆちゃく》していて、悪いことを裏でかなりやっていますので。

質問者Ａ　安倍《あべ》総理の側近の官僚《かんりょう》もいますしね。

トランプ守護霊　うん。そうだし、その原点には、もう一つは公明党との連立により、「公明党、創価学会《そうかがっかい》、中国」、このラインが裏にあるので、これもつかんではいます。

彼らが親中派の草《くさ》の根《ね》運動をやっていて、「中国が繁栄《はんえい》することが平和なんだ」っていうような考え方を日本で広めているので、安倍さんも、つる草が巻きついたように、動きにくい感じになっていますからね。

質問者Ａ　そうですね。最近も、中国人が日本に逃げてこようと思ってきたら、日本は中国のスパイだらけなので、「ここは危ない」と言って、ほかの国に行こうとしたり……。

トランプ守護霊　そうそう。だから、ここもフェイクニュースばっかりあってね。フェイクマスコミばっかりあって、幸福実現党さんは、いまだに阻まれているようだけれども、「何かブレイクスルーしていただきたいなあ」とは思っているんだけどね。

「不屈《ふくつ》の闘志《とうし》」を持ち、「積極思考」で乗り切ってきた

トランプ守護霊　やっぱりねえ、根本《こんぽん》のところから直していく必要はあると思うので。民主主義の前提にはですね、やっぱり、「情報公開」と「自由な意見、あるいは、その表現」は、やっぱり許されなければいけないんですよ。

私だって、つらいけどね。警官の一人ひとりまで私がつかんでいるわけではないから。白人警官が黒人の首を圧迫《あっぱく》して、窒息死《ちっそくし》させたみたいな……。首の骨を折ったのかどうかは知らないけど、そんなニュースが前面に流れたりしている。習近平《しゅうきんぺい》なら、それは止めるでしょう。流させないで、その関係者は処分してしまう。必ず抹殺《まっさつ》します。

関係者、知っている人は全部処分するし、それをデータとして持っているような人たちを全部消してしまう。

「これをしないで、あえて流させている体制というのは、実は素晴《すば》らしいのだ」

ということを知ってもらいたい。

質問者Ａ　そうですね。

トランプ守護霊　「そういう自分に不利なことでも、大統領に不利なことでも流せる国というのはフェアな国であって、不利なことを流されても、戦って勝てる大統領というのは、素晴らしい大統領なのだ」ということは知ってもらいたい。

私だって、日本でバブルが崩壊《ほうかい》して金融《きんゆう》危機が来たころに、いったん、立ち上げた不動産業の倒産《とうさん》も味わっているし、「リーマン・ショック」のあとだって、会社を整理しなくてはいけなかったようなこともあるけれども。

ただ、幸いにして、ノーマン・ビンセント・ピール博士に、若いころからご指導いただいていたので、そういうふうな一文無《いちもんな》しになっても、「不屈《ふくつ》の闘志《とうし》」を持ってもう一回つくり上げて。今も、日本人から見たら信じられないような、兆の単位の個人資産を持っているアメリカ大統領なんですよ。

でも、不正な手段で儲《もう》けてはいませんので。そういう倒産危機も通り越《こ》した上で、「積極思考」で乗り切ってきて。

ここの部分はピール先生もおっしゃっているけど、大川隆法さんも、私も一緒《いっしょ》だと。元手なしで戦って、大きな成功を収めていると。やっぱり、「思いは力なのだ。特に、神に祝福された、積極的で肯定《こうてい》的な思想というのは、必ず勝つのだ」ということを知っているから。

メキシコとの間にはフェンスをつくっているけれども、「中国の〝万里の長城〟は壊《こわ》してみせる」という感じかな。

だから、異民族には、漢《かん》民族以外には、要するに、あっちもレイシズム（人種差別）だよね。「漢民族以外は奴隷《どれい》でも構わない」という考えだろう、基本的に。それは壊してみせたいと思っています。

「大川隆法総裁とは、ヒーロー同士で心が通じている」

トランプ守護霊　それから、バイデンは、どうせ「マスコミ受けするような左翼《さよく》的な言葉」をいろいろ弄するだろうけれども、私は、いちおう「本音《ほんね》」で戦います。

まあ、危機があっても、それを盛り返すことも大事で。ロッキーなんかも、いつもそうじゃないですか。

もうノックアウト寸前になっても戦って、最終ラウンドまでやって勝つからヒーローになれるわけで、あんまり一発で倒《たお》してもいけないところがあるので、その前には、ちょっと追い込《こ》まれ、危機を少しつくり出すことも大事ではあるんですよ。

質問者A　まさにトランプさんには、アメリカンヒーローの素質があります。

トランプ守護霊　アメリカンヒーローなんですよ。私もアメリカンヒーロー。

質問者A　そうですね。

トランプ守護霊　だから、大川隆法総裁もジャパニーズヒーロー、ヒーローなんです。ヒーロー同士で、そのへんは心は通じているから。

まあ、私は負けることはないとは思っているが、万一《まんいつ》のときには、天上界《てんじょうかい》や宇宙の世界からの協力もありえるものだと思っています。

シヴァ神とトランプ大統領の関係とは

質問者B　先日、「シヴァ神の霊言《れいげん》」のときに、「シヴァ神とトランプ大統領は霊的につながりがある」というようなことが言われていました。

トランプ守護霊　いやあ、今、インドを味方にちょっと入れているので。

●「シヴァ神の霊言」のときに……　『シヴァ神の眼から観た地球の未来計画』（前掲）参照。

中国は、「アメリカが倒れたあとは、インドとの戦いだ」と思っているみたいだから。倒れないけど、そう思っているようだから、インドを仮想敵と見て、今、侵《しん》略《りゃく》を開始しているよね。

だから、君らも言っていると思うけれども、ネパールなんかにも、共産党に親中国共産党の政権をつくらせたりしているし、ブータンも侵食して占領《せんりょう》しているし。

今、カシミール地方等ですね、インド領域内と思われる所にも、掘《ほ》っ立て小屋を建てたり、なんやかんや人を送り込んだりしているけど、嫌《いや》な作戦だよね。「サラミをスライスするように取っていく」という嫌な作戦をやって、ちょっとずつ、ちょっとずつ、既成《きせい》事実をつくっていって、やっているので。

インドもちゃんと巻き込まなければいけないので、だから、今、シヴァ神とも仲良くしているということですねえ。

質問者B　実際、シヴァ神の魂《たましい》というか、エネルギー体のなかの一つに、トランプ大統領がいらっしゃるということですか。

トランプ守護霊　いや、まあまあまあまあ（笑）。それはちょっと……、評判がいいか悪いかは、ちょっと奥さん、どうでしょうかね。どう言ったら？

大川紫央　まあ、「お友達である」と。

質問者B　「お友達でいらっしゃる」と。

トランプ守護霊　ああ、〝友達〟（笑）。

質問者A　（笑）

トランプ守護霊　〝お友達〟なんですよ。「シヴァ神そのもの」じゃなくて。

質問者A　分かりました。そこは、ちょっとタブーということで。

トランプ守護霊　ああ、ああ。

質問者A　はい。タブーということで。

トランプ守護霊　〝お友達〟。

「神は、次期大統領としてトランプさんを指名された」を本の帯に

質問者A　時間的に、もう最後なのですが、われわれは本当にこの三カ月間、トランプ大統領の当選のために、できるかぎりのことをしたいと考えております。

「あとは何をすればいいか」ということについて、何かお言葉を、幸福の科学、あるいは幸福実現党に頂けますでしょうか。

トランプ守護霊　いや、君らのおかげで、日本のね、反トランプ勢力は、かなり弱まったよ。

だから、本当にアメリカの新聞とテレビの翻訳だけで、そのまま同じようにやっていて、「ヒラリー大勝利」と言っていた。ねえ？　学界もマスコミも、みんなそうだったんだろう？

だけど、幸福の科学のほうでトランプの応援をだいぶやってくれて、マスコミのほうも、やや親和性を感じてくれてはいるから、よくなったと思うよ。

だから、この（霊言の）本に、「神は、次期大統領としてトランプさんを指名された」というふうに、本の帯に書いてくれたら、まあ、それでいいんじゃないの？

質問者A　本にですね。分かりました。

トランプ守護霊　うん。「指名された」と。

質問者A　はい。「指名された」と。

トランプ守護霊　うん、うん、うん、うん。やっぱり、「トランプさんはまだ大丈夫《だいじょう》夫《ぶ》だ」と。

その代わり、〝交換条件《こうかんじょうけん》〟としては、私が再選された暁《あかつき》には、幸福実現党が、もうちょっと西之島《にしのしま》みたいに浮上《ふじょう》してくるように、何か努力は……。

質問者A　努力が必要ですね。

トランプ守護霊　そう。させてもらいます。

質問者Ａ　あっ、していただけるんですか。

トランプ守護霊　ええ、ええ。

質問者Ａ　ありがとうございます。

トランプ守護霊　こっちの、アメリカの力をなめちゃいけない。アメリカにだって、日本を動かす力はあるので。

だから、君たちに不利な行動っていうか、制限をかけている、いろんなものに対して、罰《ばち》を与《あた》える役割をアメリカがしようと思っています。

いやあ、活躍《かつやく》はいろいろお聞きしておりますし、台湾《たいわん》を護《まも》ろうともしてくれているし、香港《ホンコン》を護ろうともしてくれているので、「考えに違《ちが》いはない」と私は思っておりますので。ええ。

自身を「神の右腕《みぎうで》か左腕」のように感じているトランプ大統領守護霊

トランプ守護霊　まあ、私も次に再選したら、もう終身制にしようかなあと、今、考えてもいるので。「憲法を改正して、終身制もありえるかなあ」と。まあ、「神様が選んだ場合には、しかたがない」という場合もありえるかなあと。

質問者A　そうですね。神様のお考えをストレートに受けていらっしゃるのは、トランプ大統領なので……。

トランプ守護霊　うん。私は受けているから。ストレートに入っているからね。もう、細《こま》かいところまで一致《いっち》しているんだから。

質問者A　これは、民主主義の上の政治体制を……。

トランプ守護霊　うん。幸福実現党であれ、幸福の科学であれ、細かいところまで、私の何か手の、指の一本一本の動きまで一致している感じだから。これは、あれでしょう、ほとんど「神の右腕《みぎうで》か左腕」という感じで動いているような感じがするんだよなあ。

だから、いやあ、君らはねえ、私を推《お》すことによって、今、宗教的に最後の壁《かべ》を破れるんじゃないかなあ。

質問者A　そうですね。

トランプ守護霊　うん、たぶん。そう思うよ。

日本のトップなら、言えなくてはいけないこと

トランプ守護霊　日本のマスコミは、おそらくは、選挙まではバイデンをまだ持ち上げたりして、「トランプ危《あや》うし」みたいな……。好きだからね、そういうのをやるとは思うけど、私には打つ手はいくらでもあるし。

私に〝撃《う》つ弾《たま》〟がなくなったらと思ったら、大川隆法総裁が、やっぱり、ドラゴンを引き上げて、引き裂《さ》いてくださると思うから、日本の〝ゴジラ〟として活躍してくださることを期待していますねえ。

いやあ、日本人って、優柔不断《ゆうじゅうふだん》で、「神の正義」ということさえ言えないんでしょう？　私はコロナ禍《か》でも「教会は開けろ」と言いましたけど、こんなことを言える日本人はいないんでしょう？

経済政策についてだって、ほとんど、見えているのは大川隆法総裁一人でしょう？　あとの政治家は、みんな役立たずでしょう？

まあ、国民も駄目《だめ》だけどね、マスコミがみんな「左」に寄っているから。中国はもう「左」じゃないんだって。あれはもう、〝アドルフ・ヒットラーのナチス党〟なんだって。

質問者A　そうですね。

トランプ守護霊　それを知らなければいけないですよ。
自分らがかつて占領して、いろいろ近所を荒《あ》らしたから、「もう二度と戦争はいたしません」と言って、八月十五日に「平和の誓《ちか》い」を天皇陛下《へいか》以下やっているけど、「アホを言っちゃあいけないよ」と。「日本が占領されるというなら、戦わなければ駄目ですよ」と。「悪い勢力に対してまで、屈服しては駄目ですよ」と。「日本の象徴《しょうちょう》がそんなことでどうするんですか」と。
「私たちは、悪の手先としての侵略的な戦争はしませんが、世界を護るため、世界の平和を護るための、悪を押《お》しとどめ、押し返すための防衛はいたします。そのための領土・領海・領空、国民の命・財産・権利は断固として護ります」と、それが言えなければ、日本のトップではない。

だから、私から見れば、総理大臣も天皇陛下も、日本のトップではない。

安倍《あべ》さんは別荘《べっそう》に行くのをやめて、とにかく、（通常の記者会見をせず）何もしゃべらずに五十日ぐらい我慢《がまん》していたみたいだけどね。それは、何をしたらいいか分からないため、バイデンみたいに引きこもっていたようではあるけれども、結局、余計なことをしたら、日本経済はもう終わりになるからですよ。

だから、小池《こいけ》さんを総理にしたら、もう〝日本最後の日〟ですよ。バイデンの大統領と同じことになりますよ。「感染《かんせん》対策一色」で日本を動かし始めますから、ええ。厚生（労働）大臣が首相になったような感じに、たぶんなるでしょう。

だからね、「全体が見えている人」と「そうでない人」を峻別《しゅんべつ》する目がなかったら、マスコミなんかやめたほうがいいね。そう思う。日本のマスコミのレベルは低い。だから、幸福の科学は、もっともっと良識ある言論を発信すべきだと思う。お返しは〝倍返し〟だからな。〝倍返し〟をするから。あと三カ月ぐらいちょっとね、よろしくね。

質問者A　はい。かしこまりました。本日は、まことにありがとうございました。

トランプ守護霊　はい。

5　中国の現政権崩壊《ほうかい》は「神の言葉」であり、絶対にそうなる

大川隆法　（手を三回叩《たた》く）ということでございました。

これを日本語でやりましたので、会員のみなさま、信者のみなさまに読んだり観《み》たりしていただき、海外の日本人信者の方にも観ていただいて、速《すみ》やかに字幕などを用意し、意見を発信できるようにしたいと思います。

私は、香港《ホンコン》を見殺しにする気はないし、台湾《たいわん》も見殺しにする気は絶対にありません。

また、●カナダで約束したように、ウイグルの人や南モンゴルの人、チベットの人たちも解放する気でおります。絶対に解放するつもりでいるので、中国の今の政権は崩壊《ほうかい》さ

●カナダで約束……　2019年10月6日〔日本時間10月7日〕、カナダ・トロントにて、“The Reason We Are Here”と題し、英語による講演と質疑応答を行った。『いま求められる世界正義』（幸福の科学出版刊）参照。

せます。もう、これは「神の言葉」なので、絶対にそうなりますから。

国内では、幸福実現党を政党にしないようにしたり、幸福の科学大学を、「霊言《れいげん》があるから学問ではない」という感じで認めないようにしようとしたり、いろいろと姑息《こそく》なことをやっているけれども、「もう一つ上から、鬼《おに》の鉄棒みたいなもので頭をガシーンッと叩くような行動が起きるのではないか」と思っています。

トランプさんには、ぜひとも再選して、もう一度、日本の地を踏《ふ》んでいただきたいと考えています。以上です。

質問者A　ありがとうございました。

あとがき

率直なところ、両者の意見を比べてみて、私は、トランプ氏再選が世界にとって望ましいし、日本にとっても望ましいと思う。

チャイナ・ウィルス説は、世界の左翼系マスコミと中国擁護派《ようごは》活動家たちが水面下で活動し、自然発生説や世界同時複数発生説を多数派に持っていこうとしている。しかし、情報公開をせず、言論の自由のない今の中国の主張は認めがたい。十五年ほど前から研究されていたコウモリの「コロナウィルス」が、武漢のウィルス研究所に関係なく広がったとは思えない。また武器として使用された疑いも否定しがたい。

バイデン氏が次期大統領になると、中国が次の覇権《はけん》国家になる可能性が出てきた。米国民に、独創的政治家と独裁者の区別がつき、正しい選択をしてくれることを祈るばかりである。

二〇二〇年　八月十九日

幸福《こうふく》の科学《かがく》グループ創始者兼総裁《そうししゃけんそうさい》　大川隆法《おおかわりゅうほう》

『米大統領選　バイデン候補とトランプ候補の守護霊インタビュー』関連書籍

『いま求められる世界正義』（大川隆法 著　幸福の科学出版刊）

『守護霊インタビュー　ドナルド・トランプ　アメリカ復活への戦略』（同右）

『守護霊インタビュー　トランプ大統領の決意』（同右）

『公開霊言　魯迅の願い　中国に自由を』（同右）

『シヴァ神の眼から観た地球の未来計画』（同右）

『アメリカ合衆国建国の父　ジョージ・ワシントンの霊言』（同右）

『トランポノミクス』（スティーブン・ムーア、アーサー・B・ラッファー 共著
／藤井幹久 訳　同右）

『トランプ経済革命』（同右）

米大統領選《べいだいとうりょうせん》　バイデン候補《こうほ》と
トランプ候補《こうほ》の守護霊《しゅごれい》インタビュー

2020年8月20日　初版第1刷

著　者　　大《おお》　川《かわ》　隆《りゅう》　法《ほう》

発行所　　幸福の科学出版株式会社

〒107-0052 東京都港区赤坂2丁目10番8号
TEL(03)5573-7700
https://www.irhpress.co.jp/

印刷・製本　株式会社 研文社

落丁・乱丁本はおとりかえいたします

ISBN978-4-8233-0212-1 C0030
カバー EPA ＝時事
装丁・イラスト・写真（上記・パブリックドメインを除く）© 幸福の科学

大川隆法ベストセラーズ・世界の未来を考える

自由・民主・信仰の世界

日本と世界の未来ビジョン

国民が幸福であり続けるために――。未来を拓くための視点から、日米台の関係強化や北朝鮮問題、日露平和条約などについて、日本の指針を示す。

1,500円

いま求められる世界正義

The Reason We Are Here
私たちがここにいる理由

英語説法 英日対訳

カナダ・トロントで2019年10月6日（現地時間）に行われた英語講演を収録。香港デモや中国民主化、地球温暖化、LGBT等、日本と世界の進むべき方向を語る。

1,500円

公開霊言　魯迅の願い 中国に自由を

今こそ、「自由・民主・信仰」の価値観を中国に――。中国近代文学の父・魯迅が、母国への憂国の想いを語る。秦の始皇帝・洞庭湖《どうていこ》娘娘《ニャンニャン》の霊言を同時収録。

1,400円

大中華帝国崩壊への序曲

中国の女神 洞庭《どうてい》湖《こ》娘娘《ニャンニャン》、泰山《たいざん》娘娘《ニャンニャン》
／アフリカのズールー神の霊言

唯物論・無神論の国家が世界帝国になることはありえない――。コロナ禍に加え、バッタ襲来、大洪水等、中国で相次ぐ天災の「神意」と「近未来予測」。

1,400円

大川隆法 ベストセラーズ・コロナ・パンデミックの真相と対策

イエス・キリストは コロナ・パンデミックを こう考える

中国発の新型コロナウィルス感染がキリスト教国で拡大している理由とは？ 天上界のイエスが、世界的な猛威への見解と「真実の救済」とは何かを語る。

1,400円

中国発・新型コロナウィルス感染 霊査

中国から世界に感染が拡大する新型ウィルスの真相に迫る！ その発生源や〝対抗ワクチン〟とは何かなど、宇宙からの警告とその背景にある天意を読み解く。

1,400円

守護霊霊言　習近平の弁明

中国発・新型コロナウィルス蔓延に苦悩する指導者の本心

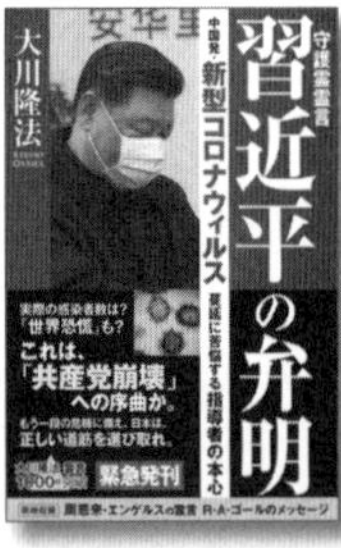

新型肺炎の全世界への感染拡大は「中国共産党崩壊」の序曲か──。中国政府の隠蔽体質の闇、人命軽視の悪を明らかにし、日本が取るべき正しい道筋を示す。

1,400円

CD THE THUNDER《ザ・サンダー》
―コロナウィルス撃退曲―

作曲 大川隆法　編曲 水澤有一

中国発・新型コロナを打ち祓う「電撃一閃」サウンド！天上界から降ろされた勇壮な楽曲です。

人々の心を癒し、魂を救済する音楽
大川隆法
Original Songs

詳細はコチラ

発売 幸福の科学出版　1,000円

※表示価格は本体価格（税別）です。

大川隆法「法シリーズ」・最新刊

鋼鉄の法

法シリーズ
第26作

人生をしなやかに、力強く生きる

自分を鍛え抜き、迷いなき心で、闇を打ち破れ──。

人生の苦難から日本と世界が直面する難題まで、さまざまな試練を乗り越えるための方法が語られる。

2,000円

第１章　繁栄を招くための考え方
──マインドセット編

第２章　原因と結果の法則
──相応の努力なくして成功なし

第３章　高貴なる義務を果たすために
──価値を生んで他に貢献する「人」と「国」のつくり方

第４章　人生に自信を持て
──「心の王国」を築き、「世界の未来デザイン」を伝えよ

第５章　救世主の願い
──「世のために生き抜く」人生に目覚めるには

第６章　奇跡を起こす力
──透明な心、愛の実践、祈りで未来を拓け

幸福の科学の中心的な教え──「法シリーズ」

好評発売中！

幸福の科学グループのご案内

宗教、教育、政治、出版などの活動を通じて、地球的ユートピアの実現を目指しています。

幸福の科学

一九八六年に立宗。信仰の対象は、地球系霊団の最高大霊、主エル・カンターレ。世界百カ国以上の国々に信者を持ち、全人類救済という尊い使命のもと、信者は、「愛」と「悟り」と「ユートピア建設」の教えの実践、伝道に励んでいます。

（二〇二〇年八月現在）

愛

幸福の科学の「愛」とは、与える愛です。これは、仏教の慈悲《じひ》や布施《ふせ》の精神と同じことです。信者は、仏法真理をお伝えすることを通して、多くの方に幸福な人生を送っていただくための活動に励んでいます。

悟り

「悟り」とは、自らが仏の子であることを知るということです。教学《きょうがく》や精神統一によって心を磨き、智慧《ちえ》を得て悩みを解決すると共に、天使・菩薩《ぼさつ》の境地を目指し、より多くの人を救える力を身につけていきます。

ユートピア建設

私たち人間は、地上に理想世界を建設するという尊い使命を持って生まれてきています。社会の悪を押しとどめ、善を推し進めるために、信者はさまざまな活動に積極的に参加しています。

国内外の世界で貧困や災害、心の病で苦しんでいる人々に対しては、現地メンバーや支援団体と連携して、物心両面にわたり、あらゆる手段で手を差し伸べています。

年間約２万人の自殺者を減らすため、全国各地で街頭キャンペーンを展開しています。

公式サイト **www.withyou-hs.net**

自殺防止相談窓口

受付時間　火～土:10～18時（祝日を含む）

TEL **03-5573-7707** メール **withyou-hs@happy-science.org**

ヘレン・ケラーを理想として活動する、ハンディキャップを持つ方とボランティアの会です。視聴覚障害者、肢体不自由な方々に仏法真理を学んでいただくための、さまざまなサポートをしています。

公式サイト **www.helen-hs.net**

入会のご案内

幸福の科学では、大川隆法総裁が説く仏法真理《ぶっぽうしんり》をもとに、「どうすれば幸福になれるのか、また、他の人を幸福にできるのか」を学び、実践しています。

入会

仏法真理を学んでみたい方へ

大川隆法総裁の教えを信じ、学ぼうとする方なら、どなたでも入会できます。入会された方には、『入会版「正心法語《しょうしんほうご》」』が授与されます。

ネット入会 入会ご希望の方はネットからも入会できます。

happy-science.jp/joinus

三帰《さんき》誓願《せいがん》

信仰をさらに深めたい方へ

仏弟子としてさらに信仰を深めたい方は、仏《ぶっ》・法《ぽう》・僧《そう》の三宝《さんぼう》への帰依を誓う「三帰誓願式」を受けることができます。三帰誓願者には、『仏説・正心法語』『祈願文《きがんもん》①』『祈願文②』『エル・カンターレへの祈り』が授与されます。

幸福の科学 サービスセンター

TEL 03-5793-1727

受付時間／火～金：10～20時　土・日祝：10～18時（月曜を除く）

幸福の科学 公式サイト

happy-science.jp

ハッピー・サイエンス・ユニバーシティ

Happy Science University

ハッピー・サイエンス・ユニバーシティとは

ハッピー・サイエンス・ユニバーシティ（HSU）は、大川隆法総裁が設立された「現代の松下村塾」であり、「日本発の本格私学」です。
建学の精神として「幸福の探究と新文明の創造」を掲げ、
チャレンジ精神にあふれ、新時代を切り拓く人材の輩出を目指します。

人間幸福学部　経営成功学部　未来産業学部

HSU長生キャンパス TEL **0475-32-7770**
〒299-4325　千葉県長生郡長生村一松丙 4427-1

未来創造学部

HSU未来創造・東京キャンパス
TEL **03-3699-7707**
〒136-0076　東京都江東区南砂2-6-5

公式サイト **happy-science.university**

学校法人 幸福の科学学園

学校法人 幸福の科学学園は、幸福の科学の教育理念のもとにつくられた教育機関です。人間にとって最も大切な宗教教育の導入を通じて精神性を高めながら、ユートピア建設に貢献する人材輩出を目指しています。

幸福の科学学園
中学校・高等学校（那須本校）
2010年4月開校・栃木県那須郡（男女共学・全寮制）
TEL **0287-75-7777** 公式サイト **happy-science.ac.jp**

関西中学校・高等学校（関西校）
2013年4月開校・滋賀県大津市（男女共学・寮及び通学）
TEL **077-573-7774** 公式サイト **kansai.happy-science.ac.jp**

仏法真理塾「サクセスNo.1」

全国に本校・拠点・支部校を展開する、幸福の科学による信仰教育の機関です。小学生・中学生・高校生を対象に、信仰教育・徳育にウエイトを置きつつ、将来、社会人として活躍するための学力養成にも力を注いでいます。

TEL 03-5750-0751（東京本校）

エンゼルプランV

東京本校を中心に、全国に支部教室を展開しています。信仰に基づいて、幼児の心を豊かに育む情操教育を行っています。また、知育や創造活動を通して、子どもの個性を大切に伸ばし、天使に育てる幼児教室です。

TEL 03-5750-0757（東京本校）

不登校児支援スクール「ネバー・マインド」

TEL 03-5750-1741

心の面からのアプローチを重視して、不登校の子供たちを支援しています。

ユー・アー・エンゼル！（あなたは天使！）運動

障害児の不安や悩みに取り組み、ご両親を励まし、勇気づける、障害児支援のボランティア運動を展開しています。

一般社団法人 ユー・アー・エンゼル

TEL 03-6426-7797

NPO活動支援

学校からのいじめ追放を目指し、さまざまな社会提言をしています。また、各地でのシンポジウムや学校への啓発ポスター掲示等に取り組む一般財団法人「いじめから子供を守ろうネットワーク」を支援しています。

公式サイト mamoro.org　ブログ blog.mamoro.org

相談窓口 TEL.03-5544-8989

百歳まで生きる会

「百歳まで生きる会」は、生涯現役人生を掲げ、友達づくり、生きがいづくりをめざしている幸福の科学のシニア信者の集まりです。

シニア・プラン21

生涯反省で人生を再生・新生し、希望に満ちた生涯現役人生を生きる仏法真理道場です。定期的に開催される研修には、年齢を問わず、多くの方が参加しています。

全世界212カ所（国内197カ所、海外15カ所）で開校中。

【東京校】 TEL 03-6384-0778 FAX 03-6384-0779

メール senior-plan@kofuku-no-kagaku.or.jp

幸福実現党

内憂外患《ないゆうがいかん》の国難に立ち向かうべく、2009年5月に幸福実現党を立党しました。創立者である大川隆法党総裁の精神的指導のもと、宗教だけでは解決できない問題に取り組み、幸福を具体化するための力になっています。

幸福実現党 釈量子サイト **shaku-ryoko.net**
Twitter **釈量子@shakuryokoで検索**

党の機関紙
「幸福実現党NEWS」

幸福実現党　党員募集中

あなたも幸福を実現する政治に参画しませんか。

○幸福実現党の理念と綱領、政策に賛同する18歳以上の方なら、どなたでも参加いただけます。

○党費：正党員（年額5千円［学生 年額2千円］）、特別党員（年額10万円以上）、家族党員（年額2千円）

○党員資格は党費を入金された日から1年間です。

○正党員、特別党員の皆様には機関紙「幸福実現党NEWS（党員版）」（不定期発行）が送付されます。

＊申込書は、下記、幸福実現党公式サイトでダウンロードできます。
住所：〒107-0052　東京都港区赤坂2-10-8 6階 幸福実現党本部
TEL **03-6441-0754**　FAX **03-6441-0764**
公式サイト **hr-party.jp**

幸福の科学出版

大川隆法総裁の仏法真理の書を中心に、ビジネス、自己啓発、小説など、さまざまなジャンルの書籍・雑誌を出版しています。他にも、映画事業、文学・学術発展のための振興事業、テレビ・ラジオ番組の提供など、幸福の科学文化を広げる事業を行っています。

アー・ユー・ハッピー？
are-you-happy.com

ザ・リバティ
the-liberty.com

幸福の科学出版
TEL **03-5573-7700**
公式サイト **irhpress.co.jp**

THE FACT
ザ・ファクト
マスコミが報道しない「事実」を世界に伝えるネット・オピニオン番組

ザ・ファクト 検索

NEW STAR PRODUCTION

ニュースター・プロダクション

「新時代の美」を創造する芸能プロダクションです。多くの方々に良き感化を与えられるような魅力あふれるタレントを世に送り出すべく、日々、活動しています。 公式サイト **newstarpro.co.jp**

ARI Production

ARI《アリ》 Production《プロダクション》

タレント一人ひとりの個性や魅力を引き出し、「新時代を創造するエンターテインメント」をコンセプトに、世の中に精神的価値のある作品を提供していく芸能プロダクションです。 公式サイト **aripro.co.jp**

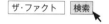

大川隆法　講演会のご案内

大川隆法総裁の講演会が全国各地で開催されています。講演のなかでは、毎回、「世界教師」としての立場から、幸福な人生を生きるための心の教えをはじめ、世界各地で起きている宗教対立、紛争、国際政治や経済といった時事問題に対する指針など、日本と世界がさらなる繁栄の未来を実現するための道筋が示されています。

2019年12月17日 さいたまスーパーアリーナ「新しき繁栄の時代へ」

2019年10月6日 ザ ウェスティン ハーバー キャッスル トロント（カナダ）「The Reason We Are Here」

2019年7月5日 福岡国際センター「人生に自信を持て」

2019年3月3日 グランド ハイアット 台北（台湾）「愛は憎しみを超えて」

2019年7月13日 ホテル イースト21 東京「幸福への論点」

講演会には、どなたでもご参加いただけます。
最新の講演会の開催情報はこちらへ。⟹

大川隆法総裁公式サイト
https://ryuho-okawa.org